日高義樹
hidaka yoshiki

日本人が知りたくない

アメリカの本音

徳間書店

日本人が知りたくないアメリカの本音――目次

装幀／川上茂夫
カバー写真 ©Peter Adams-ImageState/IPJNET.com

第一章

誰が石油の値段を高くしたか

石油の値段が上がりつづけている。二〇〇四年三月現在、石油はイラク戦争が始まった時とほぼ同じ値段になっている。このままいけば戦争の時よりも高くなってしまう。ブッシュ政権の首脳は、イラクの治安が乱れているためイラク油田からの掘り出しが難しくなっていると述べ、イラクの不安定な情勢が原因だとほのめかしている。いっぽうウォール街のアナリストは、テキサスの石油業者が欲張っているからだと非難している。どちらが理由であるにしろ、石油の値段を高くした張本人はアメリカのブッシュ大統領である。

1　ブッシュ大統領のアメリカは高い石油を望んでいる

二〇〇四年に入ってアメリカのブッシュ大統領は、アメリカの石油の戦略備蓄を半分に減らしてしまった。二〇〇三年から四年にかけての冬は、ヨーロッパでもアメリカでも全体的に暖かい気候が続いたため、暖房用の石油の消費が増えなかった。このため、世界の石油の値段はあまり値上がりしなかったが、アメリカの戦略備蓄が急速に減ったため、緊急事態を想定して世界の石油は一バレル、三十ドル近くに値上がりしてしまった。

これまで世界の石油の値段は、中東で戦争がはじまり、政治的な混乱状態がつづくたびに値上がりした。紛争があると予想されただけでも値上がりした。だがいまや中東の政治情勢は、石油の値段には直接かかわりがなくなって来ている。イラクの情勢が不安定だというが、イラク石油の産出量は戦争前の水準に戻っている。今回は、明らかにアメリカの戦略備蓄の量が減ったことが石油の値段を押し上げたのである。

しかも春になって暖かくなり、暖房用の石油の消費量が減ると、ブッシュ大統領は石油の戦略備蓄を急速に増やし始めた。このためアメリカのテキサスをはじめ国内産の石油の値段が急速に上がり、それにつられて世界の値段が高くなってしまった。

ＯＰＥＣが一日の石油産出量を二〇〇四年、二百五十万バレル減らしたことも石油の値上がりに影響したが、本当のところ誰が石油の値段を高くしたかと言えば、それはまぎれもなくアメリカであり、ブッシュ大統領である。

石油業界とは切っても切れない関係を持つブッシュ大統領はもともと、石油の値段は高いほうが良いと考えてきた。イラクを占領したいまアメリカは、世界の石油機構ＯＰＥＣを無視して、自分達の力で世界の石油の値段を決めることが出来るようになっている。

世界経済の先行きを見ると、基本的には石油の値段が上がりつづけるという予測が、もっとも重要な問題になっている。その最大の理由は、世界の石油の生産高の限界がはっきりしてきたことである。アメリカ政府が石油の戦略備蓄を減らしているという事実は、とりもなおさず世界の石油の産出量を政治的に規制しようとしていることを示している。

石油の生産高の限界がはっきりしてくるいっぽうで、経済を拡大している中国をはじめ世界各国の需要は増えつづけている。これは二十一世紀に入ってはじめて明らかになった世界の石油事情だが、こうした情勢をアメリカはうまく使って、石油の値段を高くしようとしているのである。

おまけにアメリカ軍がイラクを占領し、アフガニスタンを通じて中央アジアに圧力をかけているため、今後中東からの石油の供給が窮屈になってくることが予想される。逆に言えば、アメリカ軍が中東に駐留しているかぎり、中東石油の供給が厳しくなってくる。

二十一世紀に入って、石油生産の限界がはっきりしてきたと述べたが、実はこれについては多くの情報が入り乱れており、意見もさまざまである。

アメリカの元国防長官のジェームス・シュレジンジャー博士は、エネルギー長官とＣＩＡ長官をつとめており、アメリカでもっとも石油の問題について詳しい。そのシュレジンジャー博士が私にこう言ったことがある。

「石油を開発する技術は驚くほどすすんだ。需要と供給の関係から石油の値段は今後上がるだろうが、石油はふんだんにある。心配はいらない」

確かにＩＴの急速な進歩とともに、石油の供給については将来を心配しなくてよいという意見が主力になりつつある。三年ほど前、ブッシュ大統領のふるさとであるテキサスの石油地帯ミッドランドを訪問した時も、石油関係者は楽観ムードにあふれていた。

「これまでは油田の場所を見つけるのが難しかった。最新式といわれた機械を使って石油のある場所をつきとめても、どれぐらい掘らなければならないか、深さがまるで分からなかった」

油田を開発している業者が私にこう言ったが、ＩＴの開発でこの深さまで明確に分かるようになった。

「最近では数週間もかければ、必ず新しい油田が見つかる」

若い技術者がこう言ったが、二〇〇〇年頃には、新しい技術のおかげで石油不足はないだろうという見方が有力になっていた。ところが大きな問題があった。経費である。

油田が見つかっても地下深くであったり、深い海の底だったりすれば、掘り出すには途方もない費用がかかる。しかもはるか遠く離れた油田からとなると、膨大な輸送経費がかかる。

中央アジアでは地中海やペルシャ湾にパイプで原油を運ぼうとしているが、テロに対する警備に莫大な費用が必要だ。

「一キロごとに警備のための施設を作るとしたら、費用は天文学的な数字になる」

石油会社の経営者が私にこう言ったことがあるが、こうした経費のことを考えれば、石油の供給が制限されてくるのは避けられない。シベリアには良質の石油を産出する油田があるが、同じように遠隔地で、おまけに想像を絶するような厳しい気候風土という問題がある。いかに新しい技術を使ったとしても、見つかった石油の全てを掘り出すわけにはいかないのである。

このところ石油関係者の間では「石油の供給は有限で、やがて不足し始める」という見方が再び有力になっている。

これまでにも「石油供給の限界」については諸説があった。「五十年後には急速に少なくなる」、あるいは「七十年、長く見ても百年」といった推測がなされてきたが、世界的な石油の権威である、シカゴ大学のキング・ハーバート博士は「全体的に見て石油の供給はピークを越しつつある」と、指摘している。

ハーバート博士によると、アメリカの石油産出のピークはすでに一九七〇年に終っている。カナダやメキシコも二〇一〇年まではピークを越す。同じように中南米や中東の国々も、二〇二〇年ごろまでにはピークを迎える。北海油田やロシアの油田の幾つかはまもなく、その他の油田も数年以内にはピークになる。

こうした予測から明らかになるのは「二〇二〇年を越せば、世界の石油供給量が少なくなり、値段は高くなる」ということである。

すでに述べたように、石油についての情報はその時々の技術の発展や情報によって大きく異なる。今のハーバート博士の予測なども将来、変わることは十分に考えられる。

しかしながら趨勢《すうせい》として考えた場合、人類が百五十年あまり前から掘り始めた石油が、エネルギー源としての主要な役割を終えようとしていることは十分に予測できる。

石油の専門家からなるブッシュ政権は、石油の時代の最後の段階を迎えて、中東と中央アジアの石油をアメリカの影響の下に置くために動き出したのである。

この現実と事実の深刻さを日本の政治家や専門家はまだ真剣に受けとめていないようだ。アメリカの専門家もパニックをあおるようなことは言っていないからだ。ブッシュ政権の経済政策の大黒柱ドナルド・エバンズ商務長官は私にこう言った。

「石油の資源はたくさんあるから、昔のような石油資源をめぐる戦争は起きない。日本も樺太《からふと》やシベリアの開発を始めるべきだ」

確かに先進工業国日本は今後、石油資源を世界各地に求め、供給元の多元化を図るべきだろう。技術の革新と共に新しい石油資源が見つかるのは事実だ。新しいエネルギー源として原子力や核融合、さらには風力などにも、真剣に取り組むべきである。

いずれにせよ石油の専門家からなるブッシュ政権が、軍事力で中東に介入し、中央アジアににらみをきかせ始めたことは、石油の需給関係が今後大きく変わってくることを十分に予測させる。ブッシュ政権が真剣に石油の供給不足を懸念し、新しい世界戦略に乗り出したのは確かである。

歴史をふりかえれば、これまでにもエネルギー、とくに石油を求めての国際的な衝突は何度かあった。もっとも明確だったのは、第二次大戦である。ヒットラーのドイツ帝国、ムッソリーニのイタリア、そして日本帝国は、石油資源を求めて領土の拡大をはかりアメリカ、イギリスと衝突した。

今アメリカが衝突しているのは、中東のゲリラで、世界の国々ではないが、ここにもう一つの危険がある。中国である。中国は経済開発の途上にあり、いまのところ石油の消費量はアメリカや日本に比べれば少ない。だが経済が拡大し、それにともなって生活水準が高くなれば、大量に石油を使うようになる。

中国がすでに石油の輸入国になっていることは知られているが、これから消費が急速に増えるとともに、どのような手段で石油を確保しようとするだろうか。アメリカ政府の関係者はこの問題については楽観的に考えており、エバンズ商務長官も私にこう言った。

「中国は石油を買うための十分なドルを持っている。平和的な手段で石油を手に入れようとするだろう。中国が軍事力を使って石油を手に入れるなどとは考えられない」

しかし中国はすでに、南シナ海や東シナ海の、周辺に石油の豊富な島々の領有をめぐって日本や東南アジアと衝突し始めている。本格的な紛争になる可能性も強い。第二次大戦前の石油をめぐる連合国と枢軸国の対立ほどではないにしろ、激しい争いが起こる危険は十分にある。

ブッシュ政権は、アルカイダを中心とするテロとアメリカの戦いを遂行するなかで、石油問題にはまったく言及していない。だがイラクのテロリスト達は、アメリカが軍事力でイラクの石油を自由にしようとしていると非難している。

スタンに、ロシアが軍事力を行使することはきわめて難しい。その上、トルクメニスタンもウズベキスタンも形の上では独立しており、モスクワの直接の統治下にあるわけではない。

アメリカのブッシュ政権は、「9・11」に対する報復として始めたアフガニスタン戦争のあと、この重要な地域に軍事的なくさびを打ち込んだのである。アメリカ軍は強大な軍事力を使ってタリバンの基地を爆撃するとともに、機動力を十分に行使し、アルカイダの勢力を駆逐するという名目のもとにアフガニスタンを完全に占領してしまった。アメリカによるアフガニスタン軍事占領は、中央アジアの地図と軍事情勢をいっきょに変えたと言ってよい。

この地域のアメリカの軍事力が、ロシアだけではなく中国にも大きな影響を与えることになるのは当然である。中国がタクラマカン砂漠を越えて、この地域に進攻することは、経済的にも軍事的にもきわめて難しい。この地域に対しては、ロシアも中国もアメリカに対抗する能力をほとんど持っていない。アフガニスタンに送り込まれた二個師団のアメリカ軍は、中央アジア全域を支配しているとも言える。

このアメリカ軍は、インド、パキスタンにも強い影響を与えている。パキスタンのムシャラフ大統領が、アメリカ一辺倒の政治姿勢をとりながら、西南アジアにおける影響力を強めているのはその一つの現象である。

そもそもブッシュ政権がアフガニスタンを攻撃したのは、アメリカの心臓部をテロ攻撃したアルカイダの本拠地を叩くとともに、アルカイダの支持母体であったタリバンを排除するためだった。

二〇〇一年十月七日ブッシュ政権は、テロ攻撃に対するアメリカ人の強い怒りを背景に、小国アフガニスタンに対して全力をあげて攻撃を開始した。戦略爆撃機Ｂ52やＢ１爆撃機がアメリカ本土から飛来し、アフガニスタンを徹底的に攻撃した。アメリカの人々が地図を見ても、なかなか見つけだせないような小国アフガニスタンに対して、ブッシュ政権はアメリカの近代兵器をすべて投入し、全面戦争をしかけたのである。

以前アメリカは、アフガニスタンと友好的な関係にあった。一九七九年ソビエト軍がアフガニスタンに侵攻した際には、ゲリラに対して兵器を供給している。アメリカのマスコミも全面的にアフガニスタンを支援するキャンペーンを張った。

この時のソビエト軍の行動は、スターリン式の残虐きわまるもので、何十万人というアフガニスタンの人々が殺害された。

「ソビエトのアフガニスタンに対する戦争は、歴史に類をみない残虐なものだった。皆殺し作戦を展開して手あたりしだい攻撃し、殺戮した」

ペンタゴンの担当者が私にこう言ったことがあるが、この残虐なソビエト軍に対してアフガニスタンのゲリラは執拗に反撃をつづけ、ついにソビエト軍を追い出してしまった。

もっともソビエト軍の敗退は軍事的というよりは政治的なものだったともいわれる。ゴルバチョフ大統領が政治キャンペーンを行い、ソビエト軍を引き揚げたのである。この戦争以来、アフガニスタンの人々は反ロシアになり、逆にアメリカに対しては友好的になった。

だがタリバン政府ができるとともに、アフガニスタンは厳格なイスラム原理主義国家となり、山岳地帯はイスラム過激派アルカイダの本拠地になった。オサマ・ビンラーディンを筆頭とするアルカイダにとっては、アメリカもロシアもひっくるめてイスラムの敵である。ソビエトとの戦争でアメリカの支援を受けたことを恩に着るような人々ではなかった。かくしてアルカイダは、アメリカ経済の心臓部ニューヨークと、政治の本拠地ワシントンに対して、世界を震撼させるテロ攻撃をしかけたのである。それから一カ月もたたないうちに行われたアメリカの報復戦争でアフガニスタンのタリバン政府は崩壊し、アメリカ軍が居座ることになった。

むろんアメリカにとってアフガニスタンという国そのものは、経済的にはほとんど価値がない。だが地政学的な位置が重要なのである。

「アメリカ軍がアフガニスタンに戦争をしかけたのは、中央アジアの石油を狙ってのことだ」

アメリカの進歩的な学者達はこう非難し、論文や本を書いているが、カリフォルニア州ニュー・カレッジ大学で教えているリチャード・ハインバーグ教授が著した『パーティーは終った』（The Party's Over）という本もその一つである。

ヘインバーグ教授は石油が二〇世紀の世界動乱の原因であったように、二十一世紀もまた中東、中央アジア、南アメリカの石油をめぐって石油戦争の時代になるおそれが十分にあり、石油の最大消費国であるアメリカにはこの状況を変える義務があると喝破している。

ともあれブッシュ政権は、テロに対する報復として始めたアフガニスタン戦争を奇貨《きか》として中央アジアの石油地帯に軍事的な影響力を拡大した。むろんテロの根絶を標榜《ひょうぼう》しているアメリカは、いまも真剣にアルカイダの指導者であるビンラーディンの行方を追いかけている。

アフガニスタンに展開している二個師団の兵力を使って、アフガニスタン全土をくまなく捜索しているが、その過程でアフガニスタン全域の地図を作り、軍事拠点を各地に作り上げている。アメリカはふんだんな費用と技術を駆使してアフガニスタンに、中央アジアをにらむ軍事拠点を作り上げようとしているのである。

後世の歴史家たちは、ブッシュ政権によるアフガニスタン戦争は、アメリカの中央アジア進出の第一歩であり、「中央アジア地域の石油を求める動きだった」と記すことになるだろう。

アメリカは一九七〇年代、迫り来る石油不足を懸念しながらも、政治的にはほとんど動くことができなかった。アメリカは資金と技術、それに軍事力を持っていたが、石油を安全に確保するための政治力を持っていなかったからである。ブッシュ政権の首脳はこう言っている。

「アメリカは一九七〇年代から今にいたるまで、石油不足をなくす努力をしてこなかった。三十年という時間が無駄に過ぎてしまった」

ブッシュ大統領はアメリカ国内で戦争大統領とよばれ、彼の政権は戦争政権だという批判を受けている。外国からも力まかせに身勝手な行動をとっていると攻撃されているが、アメリカのためにエネルギー源を確保するという点から見れば、ブッシュ政権は機会をとらえて巧みに動いたということができる。

「チャンスには前髪しかない。後ろはハゲている。チャンスが通り過ぎる前に、前髪をしっかり摑まねばならない」

これは昔、誰かから聞いた言葉だが、ブッシュ政権はまさにテロに対する報復戦争というチャンスの前髪をしっかり摑み、中央アジアの石油を確保するための拠点を着々とアフガニスタンに築いているのである。

3 「9・11」は第二のパールハーバーか

二〇〇一年九月十一日の多発テロ攻撃がＣＩＡがらみの陰謀だったという噂が、いまもって流れている。事件のすぐあとウォール街のトレーダーをしている友人がこう言ったことがある。

「あの日、知り合いのユダヤ人の若いトレーダーが、何か事件がおきるらしいと聞いて世界貿易センターに行かなかった。他にも命びろいをしたユダヤ人が大勢いる」

しばらくの間ニューヨークでは「ユダヤ人のトレーダーが事件を知っていた」という噂がまことしやかに流れた。

その後ウォール街やワシントンの関係者の話を聞くと、「何か大きな事件が起きるらしい」という噂があったのは確かなようである。テロリスト達がパイロットの訓練学校で操縦を習っているという情報を得ながら、ＦＢＩが対応しなかったという告発もあって、噂に真実味が加わったのも確かである。

だが私の体験から言えば、事件発生後のホワイトハウスやペンタゴンの動転ぶりはまぎれもなく本物で、陰謀説が出てくる余地はなかった。とにかくトップから下まで大混乱に陥っていた。ホワイトハウスにとって、まさに予想もできない驚天動地の出来事だったのである。

当日の午後、私は国家安全保障担当の大統領補佐官、コンドリーザ・ライス博士とインタビューをすることになっていた。朝食をとっている最中にニューヨークに住む娘から電話がかかって来た。

「テレビをつけて！　いますぐ！」

朝のニュースを見たあと消してあったテレビをあわててつけると、世界貿易センターのノース・タワーから煙があがっていた。「火事が起きたのだろうか」と見ているうちに、ホワイトハウスからインタビューの時間を延期してほしいという連絡が入った。その直後にサウス・タワーにもう一機が激突、ペンタゴンが攻撃されたあとはホワイトハウスは完全封鎖、連絡不能になった。あとで聞けば、ホワイトハウスは大混乱に陥り、首脳全員が地下に退避させられていたのである。

余談になるが、多発テロ事件のあとライス補佐官は超多忙となり、インタビューはいまもって実現していない。「必ずやります」という約束だけはもらっているが、アフガニスタン戦争につづいてイラク戦争、終わりの見えないテロとの戦争などで、安全保障担当補佐官は、とにかく時間がないらしい。

さて、陰謀はなかったにしろ、後に「ナイン・イレブン」、または「セプテンバー・イレブン」と呼ばれるようになったこの事件は、驚くべき力でアメリカ人を結集させた。「9・11」という言葉は、呪文のような効果を発揮し、ブッシュ大統領に政治指導力を与えたのである。

二〇〇一年一月に就任したブッシュ大統領はこの事件が起きるまでは、何とも迫力のない大統領で共和党の気をもませていた。フロリダの投票の数え直しで、かろうじて大統領になったという選挙の後遺症もあった。だが「9・11」後のブッシュ大統領はまさに決断する大統領となり、アメリカ人を統一し動かすようになった。

「9・11」も真珠湾も政府当局者が適当な措置をとっていれば、攻撃をくいとめるか、被害を小さくできたかもしれない。真珠湾攻撃のルーズベルト大統領、「9・11」のブッシュ大統領はともに不意をつかれて、大勢の国民を殺され大きな損害を出した。だが「不意打ち」だったが故に、アメリカ人は怒りで総立ちとなり、大統領のもとに結集したのである。

「真珠湾は軍事施設に対する攻撃だ。無差別に市民を攻撃したテロとは違う」と日本人は言うかもしれないが、アメリカ人は両方とも卑怯な不意打ちとして、猛烈にハラをたて、大統領が軍事力を使って報復することを強く支持したのである。

真珠湾攻撃の陰謀説は半世紀以上たった今も消えていないが、どう考えても、「9・11」をCIAの陰謀だとするのは無理である。CIAやFBIも近頃ではその行動に透明性が求められている。「9・11」をでっち上げることなど不可能である。

だがもう少し熱心に調査をしていれば、事件の前にテロリストを捕まえることは出来ただろう。なにしろ彼らは、飛行機の操縦を習いに来て授業料の二万ドルを現金で払うという常識では考えられないような行動をとったのである。おまけに飛ぶことだけを熱心に練習し、着陸はどうでもいいという態度だったというのだから。アメリカ議会がいま、この問題の調査にとりかかっている。

ルーズベルト大統領は真珠湾攻撃を使ってアメリカ人を立ち上がらせ、日本との開戦に踏み切らせた。ブッシュ大統領は「9・11」によって国民をまとめ、アフガニスタンとイラクの戦争に踏み切らせた。真珠湾と「9・11」は、時の大統領に戦争を始める絶好の口実を与えたのである。

ホワイトハウスに入って以来ブッシュ政権は、チェイニー副大統領を中心に新しいエネルギー政策の作成に取りかかってきた。その中でももっとも重要なのが、石油資源をどう確保するかという問題だった。

アメリカの石油は、一九七〇年代でその産出のピークを迎え、その後ＩＴによって油田の発見や掘削《くっさく》技術が進歩したとはいえ、人口がふえつづけ、経済が拡大しつづけるアメリカが、石油不足に悩み始めるのは目に見えていた。

アメリカの石油業界は、国内で新しい油田を開発しようとしていたが、当面もっとも効率的と思われるのは、中東の油田をアメリカが手にすることだった。さらに望ましいのが、石油産油国の集合体、ＯＰＥＣに影響力を行使することだった。

いまやアメリカは、アフガニスタン戦争で中央アジアの油田を影響下におき、イラクの石油にまで手を出すことが出来るようになったが、これはまぎれもなく「９・11」のおかげである。

ブッシュ大統領は「９・11」のあと、テロに対する戦いを標榜し、中東に対して軍事行動を行うための白紙委任状を手にした。「９・11」のあと、リチャード・パール博士が私にこう言った。

「まずアフガニスタンだ。その後はイラクだろう。それからサウジアラビア、シリア、イラン。テロリスト国家を全てやっつけなければならない」

こういった国々は全て産油国である。狙いがテロの根絶というより、石油にあることは誰の目にも明らかだ。

イラクを占領しサダム・フセインを追い落としたあと、アメリカはついにＯＰＥＣの有力メンバーになった。イラクを占領することによってアメリカはＯＰＥＣに強い影響力を行使することが出来るようになり、アメリカの石油政策がいっきょに中東全域を動かすようになったのである。

4　イラクを占領してサウジアラビアを制圧した

二〇〇四年二月九日、アメリカ政府にイラクの現状について説明を求められたイラク駐留軍の副司令官キミット准将はこう言った。

「アメリカ軍は十分な兵力を持っている。これ以上の兵力を増強する必要はない。戦車、大砲、航空機も十分にある。アメリカ軍がいま必要としているのは、イラク人による防衛部隊と警察官だ」

アメリカ軍は二〇〇四年二月十日現在、三個師団ほぼ十万人のアメリカ軍をイラク国内に駐留させているが、今後は二個師団程度に減らしたいと思っている。

二月十日といえば、日本の自衛隊の主力部隊がイラクの南部サマワに到着した時期である。日本では、ブッシュ大統領の圧力で小泉首相が、自衛隊の陸上部隊を第二次大戦後初めて戦闘地域に出動させたとして、賛否両論がまき起こっていた頃である。

しかしイラク国内では戦闘の山場は終わっていた。アメリカ軍は治安維持のためにゲリラ狩りを始めていたが、基本的にはイラクの軍事情勢は落ち着いていた。キミット准将は次のように述べている。

「一日平均して十五、ないし二十件のテロがある程度で、たいしたことはない。これからはテロの数も減ってくるだろう」

戦争後のイラクについて、「ベトナム化するのではないか」、「アメリカ軍は都市ゲリラに手を焼き、ソマリアの二の舞になるのではないか」という予測があった。だが現状をみると、典型的な都市ゲリラによるテロ行為が横行しているだけで、その規模もさほど大きくはない。

「都市ゲリラを討伐するのはそれほど難しい事ではない。情報がありさえすればゲリラを捕まえ、治安を安定させることができる」

キッシンジャー博士が私にこう言ったことがある。博士はまたイラク情勢についてこう予測している。

「二〇〇四年の春いっぱいはテロの攻撃がつづくが、やがてその数は減って事態は落ち着いてくる」

都市ゲリラとの戦いは特定のゲリラを探すことが中心になる。そのための情報を集めることが重要である。したがって大規模なタンク部隊や砲兵隊よりもイラク人による警察や治安維持部隊が必要だということになる。元国防長官のジェームス・シュレジンジャー博士は私にこう言っている。

「イラク人だけがイラクを安全に出来る。アメリカ人の殆どは言葉も理解できないうえ、パキスタンやサウジアラビア、イランから侵入して来るムジャヒディン（イスラム聖戦士）を見分けることもできない。イラク人ならそれが出来るし、情報を集めることができる」

ちなみにゲリラ戦が行われている国に安全な場所というところはない。自衛隊がイラクに出動するにあたって戦闘地域かどうかが問題になったが、ゲリラは兵器を持ってあちこちに出没する。鮫が海の中を動いているようなものだから「ここは安全」という場所を指定することは難しい。

シュレジンジャー博士は「結局のところ同胞市民を守ることができるのはイラク人なのだ。アメリカ軍は徐々に兵舎にもどる」と述べているが、それではなぜ三個師団ものアメリカ軍がイラクにいるのか。

私がペンタゴンから得た情報によれば、アメリカ軍はこれから長期にわたってイラクに展開する。二個師団ないし三個師団がイラク各地に駐留する予定である。現在そのための基地や補給体制の整備がすすめられているが、新しいイラク政府が発足すれば、アメリカ軍駐留についてアメリカとイラクの間で正式な協定が結ばれるだろう。

「アメリカ軍がイラクに駐留する場合、日本の安全保障条約と同じような体制がとられると思う」

ペンタゴンの関係者がこう述べているが、日米安保条約は五十年にわたって維持されてきている。アメリカ軍はほぼ無期限のかたちで日本に駐留しているが、イラクの場合も日本と同じように、ほぼ無制限にアメリカ軍を駐留させようと考えているのである。

アフガニスタンの場合も同じである。アメリカはアフガニスタンとイラクに、あわせて五個師団程度を長期にわたって駐留させようとしている。友人の政治評論家ロバート・ノバックはこう言っている。

「アメリカ軍は、イラクとアフガニスタンに五十年はいることになるだろう」

アフガニスタンの場合はすでに説明したが、イラクのアメリカ軍は何のために五十年にわたって駐留しようとしているか。サウジアラビアに軍事的な圧力をかけるためである。

むろんこの問題についてもアメリカ政府の首脳は、正式には何の発表も行っていない。だがアメリカ政府の文書や政府関係者の発言にあたってみると、アメリカの狙いとするところは明白である。

地図を見れば明らかなように、イラクはペルシャ半島の中央にあり、その周辺には問題をかかえた国々が横たわっている。すぐ南にはサウジアラビア、東にはイラン、西にはシリアがある。

ブッシュ大統領は以前、シリアとイランについては悪の枢軸国で、軍事行動をおこす用意があると言ったことがある。ブッシュ政権の軍事戦略を構築している国防政策会議のリチャード・パール前議長は私とのインタビューのなかで次のように述べている。

「イラクのあとはサウジアラビアを何とかしなければならない。サウジアラビアという国家は腐敗しきっている」

この頃アメリカ政府の中には、シリアをまず攻撃して独裁者アサドを倒すべきだという声があった。また核兵器を持っていることが確実なイランを早急に占領すべきだという意見もあった。

私は発言力の重みから言ってもパール博士の考え方がもっとも有力だと見ていたが、結局ブッシュ政権はイラクの戦後処理に手間どり、戦線をこれ以上広げることは難しくなっている。

またサウジアラビアに攻め込み政権を倒したあと、どのような政権を作るか、簡単には決められないという事情も出てきた。サウジアラビアは政権を維持している王族が腐敗しきっているうえ、実質的には強力な軍事力もないことから、政権を倒すのは難しいことではないと思われた。

「だが新しくできる政権は、どうしても反米的になるだろう。しかも過激派による政権になるおそれがある」

ブッシュ政権の首脳が私にこう言ったが、こうした懸念はイランの例を考えれば、当然である。かつてイランのパーレビ国王が革命派によって倒されたあと、過激派によってイラン国内は壊滅状態になった。

おまけにサウジアラビアという国は、実質的にはアメリカの石油会社アラムコが作り上げたもので、アメリカの利権によって維持されている。

アメリカ軍が現在のサウジアラビアの王族を追い払って、新しい政府を作っても、その政府がアメリカの利権を取りあげてしまう危険が十分にある。結局のところアメリカに敵対する勢力にサウジアラビアの石油と富を与えることになりかねない。

このあたりのことを考えブッシュ政権は、サウジアラビアの王族による政権を軍事力で倒すことは諦めたのだろうと思う。

むろんこのことをブッシュ政権の首脳やパール博士がしゃべったわけではない。だがイラクにアメリカ軍が常時駐留し、サウジアラビアをにらんでいれば、過激派を抑えることになるとともに緊急事態があった場合には、アメリカ軍がいち早く対応できる。

「サウジアラビアが緊急事態に陥る可能性は十分にある。王族が過激派に倒され、国内が混乱する危険は日増しに強まっている」

ロバート・ノバックはこう言ったが、あらゆるレポートを総合してみても、サウジアラビアはいまやどうにもならないほど腐敗し混乱している。アメリカの雑誌「ニューヨーカー」の二〇〇四年三月号は、「沈黙の巨人」というタイトルで徹底的にサウジアラビアの状況を分析し報道した。このレポートの中で特に私の目を引いたのは、次の一文である。

「サウジアラビアの若者たちは、いまやあらゆることに絶望し、一種のノイローゼ状態に陥っている。強迫観念から自動車の運転もままならなくなっているため、あらゆる所で自動車事故がおきている。国が崩壊するのは時間の問題だ」

「ニューヨーカー」の記事はまた、下水道をめぐる汚職をとりあげ、「首都リヤドは汚物にまみれてしまうだろう」と皮肉ったうえ、「サウジアラビアという国家が存在していることじたいが不思議だ」と決めつけている。

サウジアラビアを動かしているのは一万人にのぼる王家一族である。国勢調査などは行われたことがないから、人口がどれだけあるかもはっきりしない。おまけにヨルダンやクウェートから出稼ぎの人々が大勢やってきているので、なおさら国民の数が分らなくなっている。

はっきりしているのは、一万人の王族とその家族たちが驚くほど贅沢をしていることである。石油の富をひとりじめにして浪費をつづけている。

五年ほど前、私は国際的な有力企業の協力を得て、リヤドに取材に出かけたことがある。当時サウジアラビアは日本のジャーナリストや学者にはビザを出していなかった。私は一時的にアメリカ企業の職員になり、ビザをもらったのである。興味津々で到着したサウジアラビアは、まさに警察国家そのものだった。

「宗教警察の目が光っていますから、きょろきょろ周りを見まわさないで下さい。不審に思われると厄介なことになります」

私を案内した国際企業の責任者がこう言ったが、町の中には奇妙な緊張が漂っていた。車のなかから写真をとったが、その時も「外からカメラが見えないようにして下さい」、「あ、ここは絶対に駄目です」と注意されっぱなしだった。

泊まったホテルの中に特別に豪華な一角があって、王族の若者たちが朝から高そうな葉巻を吸っていた。ホテルにはすし屋もあったが、握る職人はフィリピン人、米はカルフォルニア米、ネタはイランからきたキャビア、そしてビールはアルコールぬき。何とも奇妙な体験だった。

とにかくサウジアラビア国内はどこへ行ってもアルコールは厳禁で「さすが聖地メッカのあるイスラム国家」と思ったが、その感想を帰りの飛行機の中で会ったアメリカ人のビジネスマンに話したら笑いとばされた。

「私はサウジにしょっちゅう行くが王家一族は完全な二重生活を送っているんだ。いつか飛行機で一緒になったサウジアラビア人など、機内で背広に着替えるやいなや盛大に飲み始めた。奥さんもベールを脱いでフランスかイタリア製の贅沢なスーツになっていたね。もっとも民間機に乗っていたところを見ると王家一族でも下の方だと思うが」

サウジアラビアでこのところ急速に増えているのは、王族をはじめとする支配階級の住宅に対するアルカイダの襲撃である。

「サウジアラビアの王族は本気になってアルカイダに脅え始めている。いまや金で安全を買うことが難しくなっている」

アメリカの情報関係者はこう言ったが、「9・11」以前には、サウジアラビアの支配者たちはアルカイダをはじめイスラム過激派に資金を与えて「暴れるならサウジアラビアの外でやってくれ」と言っていた。だが「9・11」後はアメリカの監視が厳しくなり、テロリストたちに対するサウジアラビアからの資金が滞るようになった。

そこで「金の切れ目が縁の切れ目」とばかりに、アルカイダはサウジアラビアの支配階級に対する攻撃を始めたのである。ブッシュ政権もこうした事情には気がついており、パール博士のように「いっそのこと腐敗した王家とその一族を追放してしまいたい」と考えている。

ところが先程も述べたように王族を追放すれば、過激派がそのあとをとりアメリカと対立することになる。サウジアラビアの石油資源全てが危険にさらされてしまう。そこでアメリカ軍をイラクに長期にわたって駐留させ、サウジアラビアをにらみ、ペルシャ湾全体の安全を維持することにしたのである。そして間違いなく、最も重要なアメリカの狙いは、石油王国サウジアラビアを常にアメリカ軍の力で管理できる体制をとりつづけることである。「9・11」はまぎれもなく「真珠湾攻撃」だった。ルーズベルト大統領とその後任のトルーマン大統領は、真珠湾後アメリカの新しい世界戦略をすすめたが、ブッシュ大統領もまた、「9・11」から、全く新しい世界戦略を展開することになったのである。

5　第一次湾岸戦争でも石油が上がった

アメリカ軍の地上部隊がバクダットに進撃して来た時、サダム・フセインは心底びっくりしたと、アメリカの情報関係者は述べている。

第四十三代ブッシュ大統領は二〇〇三年三月二十日、イラクに対する軍事行動を開始したが、爆撃と同時に特殊部隊を潜入させた。その一週間後には地上部隊が南のクウェートから続々とイラクの首都バグダッドに向けて進撃を開始した。アメリカの情報関係者は名前を明かさないという約束で、私にこう語っている。

「サダム・フセインは、ブッシュ大統領は地上攻撃を行わないだろうと思っていた。もし行うとしても、爆撃を何カ月もつづけたあと特殊部隊でも送り込んでくるのではないかと考えていた。このためわずか一週間で地上部隊が攻め込んで来た時には仰天した」

サダム・フセインは、アメリカの陸上部隊がそれほど迅速に攻め込んでくるとは夢にも思っていなかった。そのため十分な反撃体制をとることできず、ただひたすらに逃げ回り、二〇〇三年十二月十三日、ついに故郷のティクリットの穴倉の中で捕まってしまった。

その惨めな様子が世界中のテレビで伝えられたが、そうなった最大の原因は、ブッシュ大統領が地上部隊を送り込んでくることはないだろうと思い込んだことである。ではなぜサダム・フセインは、ブッシュ大統領が地上戦闘部隊を簡単には送り込んでこないと思い込んだのか。

ワシントンの情報を総合すると、まずフランスのシラク大統領がサダム・フセインに「戦争はない」と請け合っていたこと。第二に「国連が反対している以上ブッシュ大統領は動けないだろう」とサダム・フセインが考えたこと。そして第三に、これがもっとも大切だが、サダム・フセイン自身「ブッシュ大統領が地上部隊を送り込んで戦争を仕かけてくることは絶対にありえない」と信じていたことである。

「サダム・フセインは、ブッシュ元大統領も、その息子である現在のブッシュ大統領も知っている。特にブッシュ元大統領についてはよく知っている」

ワシントンの情報関係者がこう言ったが、彼によればサダム・フセインは、第一次湾岸戦争でブッシュ元大統領がバクダッドにアメリカ軍を進攻させなかったのは「ブッシュ元大統領が臆病者で戦争を嫌っていたからだ」と信じ込んでいた。

「その臆病者の息子が勇敢であるはずがない。戦争をしかけることなどできないと思ったのだろう」

この情報関係者はこう推測しているが、わずか一週間たらずの爆撃のあと、ブッシュ大統領が戦闘部隊をイラク国内に送り込み、自分を抹殺にかかることなど、サダム・フセインには想像もつかないことだった。このため十分な準備もできないまま逃げ回り、不恰好な写真をとられる羽目になった。

サダム・フセインは浅はかにも、四十一代ブッシュ大統領がイラクに地上部隊を送り込まなかったのは、臆病のせいでなく、政治的判断によるものだったことに気がついていなかったのである。ホワイトハウスの記録にあたってみると、第四十一代ブッシュ大統領は、湾岸戦争を始めるにあたってもともとイラクに攻め込むつもりはなかった。

「ファーザー・ブッシュは、イラクの石油をアメリカのものにする気はまったくなかった。そんなことをして国際的なゴタゴタを起こすよりも、イラクを政治的、経済的に孤立させ、日産三百万バレルの石油を封鎖することを狙っていた」

四十一代ブッシュ大統領の補佐官で、ハドソン研究所の同僚である学者がこう証言しているが、ブッシュ元大統領はイラクの石油を国連の名の下に封鎖し、世界の石油の流通量を減らすことを考えていた。

ブッシュ大統領がやろうとしたのは、アメリカの石油業界のために石油の値段をあげることだった。このもくろみは成功し、イラクは石油を売ることが出来なくなり、石油の供給量が減った結果、石油の値段が上がった。

四十一代ブッシュ大統領はもともとイラクの石油をアメリカのものにするつもりはなかった。当時アメリカでは石油はまったく不足していなかった。この点が現在の状況とは決定的に違っている。

現在の第四十三代ブッシュ大統領は、第一次湾岸戦争から十二年以上たち、世界的に石油の供給が不足してくるのではないかという不安の中で、イラクに対する戦争を始めた。

すでに述べたようにアフガニスタンに対する戦争は、中央アジアを睨《にら》んだもので、中央アジアの石油を将来どうするかが狙いの中心にあった。それと同じようにイラクに対する戦争には、中東全体の石油を、アメリカが自由にしようという政治的、経済的な狙いがあったのである。

「イラクを軍事的に制圧することによってアメリカはいまやOPECの一員になった。アメリカはOPECの決定を政治的に左右することができる」

石油関係者がこう言ったが、二〇〇四年二月七日、OPECは日産百五十万バレルの減産を急に決めた。その結果石油の値段が高くなったのは当然であるが、その決定の背後にブッシュ政権の意思が動いていることははっきりしていた。

二〇〇四年三月二十日から始まって一カ月で終ったブッシュ大統領のイラク攻撃は、中東の石油をアメリカのものにしようという政治的な意図から行われたが、むろんこれを裏づける文書も、会議の記録もない。建前はあくまで大量破壊兵器の排除であり、イラクとテロのつながりを絶つことだった。

「ブッシュ大統領は石油を求めて新しい戦いを始めたのではありませんか」とキッシンジ

ャー博士に質問したが、彼もまた建前の答えをくれただけだった。

「ブッシュ大統領はテロから世界を守るための戦いを始めた。安全な世界を作るための新しい戦争だ」

もっとも新しい戦争という定義には、ブッシュ大統領の与党共和党の中からも異議が出始めている。二〇〇四年二月十日、イギリスのBBC放送とのインタビューでアメリカ共和党のドール元上院議員はこう言った。

「新しい戦争などということは言わないほうがよい。アメリカはテロと戦っているのだ。テロと戦うためにアメリカ軍はイラクにいる」

このドール元上院議員の発言は与党共和党内の分裂にもつながりかねないものである。彼は石油のためにアメリカ軍が戦うなどということは、あってはならないと思っている。ドール元上院議員はアメリカ議会の国際派で、ブッシュ大統領を支持する西部やテキサスの人々とはやや違った考えを持っている。

ただドール元上院議員が何を言おうと、ブッシュ大統領を始めとする共和党の指導者たちは、いまやアメリカの石油が不足し始めており、今後アメリカ経済を安定させるためには、世界に石油資源を求めなければならないと考え始めている。

だが石油のために兵を動かすなどとは、口が裂けても言えない。そこで「テロリストに対する戦い、世界安全のための新しい戦争」という大看板を掲げているのである。

第二章

二〇〇四年ブッシュ大統領は大勝利で再選される

二〇〇四年三月、カリフォルニアで開かれたシュワルツネガー知事の政治集会に民主党の党員たちが大勢あつまった。シュワルツネガー知事が、破産しそうなカリフォルニア州の財政を助けてもらうためにブッシュ大統領と話をつけると言われているからだ。シュワルツネガー知事はこの夏ニューヨークで開かれる共和党大会で基調演説を行い、カリフォルニアをブッシュ大統領のものにしようとしている。カリフォルニアの選挙人数は五十四、アメリカ最大である。これまで民主党の州といわれてきたこのカリフォルニアがブッシュ陣営に加われば、ブッシュ大統領は確実に再選される。

1　アメリカ人の大多数はジョン・ケリーを信用していない

二〇〇四年二月四日、アメリカの新しいテレビネットワーク、フォックスニュースに出演したアメリカのイラク駐留軍の副司令官マーク・キミット准将がこう言った。

「アメリカの野党民主党の大統領候補やアメリカのマスコミは、イラクの先行きが不安だという情報を流しているが、これは全て間違っている。イラクにおける戦闘の目的を正しく理解するならば、我々は成功を収めつつある。イラクで我々は安定した社会状態を作り、政治体制を確立するために戦っているが、この戦いはうまくいっている」

キミット准将は「現在の規模のゲリラ攻撃ならば、事態を安定させることは難しくない」と強調したが、彼の説明はイラク情勢が厳しく、先行きが不安だと国民に説いてまわる民主党の大統領候補者に対する反論でもあった。

こうしたキミット准将の発言は、軍事的に見ればイラクの情勢が安定しつつあることを保障したと受け取れるが、政権を批判する人々はこうしたキミット准将の発言を無視して、イラクの情勢が先行き不安だと強調することをやめない。

ブッシュ政権はウォール街の支援を受けていない。ブッシュ政権を支援しているのは、石油や金、土地の価値を高く評価する人々である。したがってウォール街がブッシュ政権を憎み、そのウォール街の資金を受けているアメリカのテレビネットワークや「ニューヨーク・タイムズ」、それに雑誌や出版物はそろって「イラクの戦闘の先行きは難しい」と伝えつづけている。こうしたアメリカのマスコミの見方を総合すれば次のようになる。

「ブッシュ大統領のイラク戦争はうまくいっていない。アメリカ軍が失敗して、政治的な大混乱になるおそれが強い」

確かにその危険が全くないとはいえない。だが客観的に見てイラクの軍事情勢は、キミット副司令官が述べているように落ち着きつつある。アメリカの野党民主党がイラクの情勢が依然として危険であると言いつづけているのは、大統領選挙戦のタクティックなのである。十一月の大統領選挙が終れば消えてしまう批判だろう。

二〇〇四年三月二日のスーパー・チューズデー、つまりアメリカの大きな州がいっせいに予備選挙を行った日、ジョン・ケリー上院議員は全ての州で勝ち、民主党の大統領候補になることが確実になったが、彼もまたイラク戦争を懸念するキャンペーンをつづけている。

「ブッシュ大統領は戦争をうまく処理できていない。私ならもっとうまくやれる」

ジョン・ケリー上院議員はベトナム戦争の従軍経験がある。州兵になってベトナム派兵を逃れたブッシュ大統領よりも「戦争大統領」に適していると主張しているのである。

だが現実には、キミット准将が指摘しているように、いまや戦争の峠は越えた。キミット准将はアメリカ軍を増やす必要などないと指摘しているが、これは軍事的に難しい時期が終りつつあることを示唆している。

かつてベトナム戦争の際、現地アメリカ軍は最後まで「もっと兵隊を送れ」と言いつづけ、結局は北ベトナム軍に敗れた。北ベトナム軍にはうしろに中国とソビエトがついており、兵器が足りなくなることもなかった。

ところがイラクのゲリラ軍には、アメリカ軍に対して無制限な戦闘を続ける能力もなければ、補給体制もない。アメリカ軍が国境を固めているため、ゲリラは軍事物資を手に入れるのが難しくなっている。

二〇〇三年の暮、イラク情勢についてキッシンジャー博士は私にこう言った。

「ゲリラの戦いは今年の夏過ぎまでだろう。イラクのゲリラが持っている兵器は、アメリカ軍が進撃してきたとき、イラク軍が持って逃げたもので補給がきかない。夏すぎには激しい戦闘は終るだろう」

だが夏まではゲリラによる襲撃事件はむしろ増えるという情報もある。その理由は、反政府ゲリラが優秀な兵器を持っているだけでなく、アメリカ軍にしてもテロリストを一人のこらず捕まえることはできないからだ。

イラクの反政府ゲリラは、旧ソビエト領のアゼルバイジャンから、射程数十キロのロケットを多数手に入れている。旧ソビエトで製造されたこの兵器を使えば、かなり遠くからでも攻撃することができる。

こうしたロケット攻撃を受ければ、いくら大きな基地を作ったといえども自衛隊員が安全であるわけにはいかない。既に述べたように、イラクには安全な場所というのはないのである。

そういった特定の目標に対する攻撃は避けられないにしても、キミット准将の言うように、イラクの人々の一般的なムードは落ち着きつつある。毎日のように道端にしかけられた爆弾でアメリカ軍の車両が爆破され、イラク人が死傷しているが、一般の人々は戦後の環境に順応しつつある。

イラクはいまも危険な場所で、いつゲリラ攻撃が発生するか分からない。だが全体としては人々は落ち着いた生活をし始めている。子供達は学校に行き主婦たちは市場で買いものをしている。衛星テレビ受信用のディッシュ・アンテナが飛ぶように売れて、人々はイラクの外の世界を知り始めている。

イラク国内でつづいている反政府ゲリラと暫定政権の戦いは、土地の所有をめぐるスンニ派とシーア派の戦いだと言う人もいる。

「スンニ派は、サダム・フセインから与えられた土地を自分の手で守るために兵器を手にして隠れたのだ。これからも土地を守るためには全力をあげて戦うだろう」

アメリカの情報関係者の中にはこう予測する者もいるが、イラクにおける二つの大きな派閥であるスンニ派とシーア派の戦いが、土地をめぐる争奪戦であれば、イラクの戦闘が無差別に拡大していくことはない。アメリカ軍がどちらにつくかによっては戦闘が激しくなる可能性もあるが、基本的には土地をめぐるイラク人どうしの戦いだ。

アメリカの野党民主党やウォール街の資金をもらっているアメリカのメディアがイラク戦争はうまくいっていないという悲観論を広めているのは、ブッシュ大統領の足をひっぱるためで、事実を伝えているわけではない。

ワシントンのジャーナリストたちはもっと冷めた目をもってイラク戦争を見ている。友人のロバート・ノバックはこう言っている。

「イラクの戦闘が毎日のように新聞の記事になり、うまくいっていないという話が大きく取り上げられているのは選挙戦のせいだ。民主党側の批判がそのまま記事になっている」

アメリカの大統領選挙にあたっては、あらゆる問題が引き合いに出される。経済、仕事、教育、医療制度、税金。そしてブッシュ大統領が直面している最大の問題がイラク戦争であるのは間違いない。したがって大統領選挙が終ってしまえば、新聞記者たちもイラク戦争を大きく取り扱う政治的な意味がなくなってしまうと考えるに違いない。

だが二〇〇四年十一月の大統領選挙までは、アメリカの野党民主党は、イラクののアメリカ軍は危険にさらされており、ブッシュ大統領は中東で失敗すると国民に警告を与えつづけるだろう。

きわめて公平に見て、イラクの戦争はアメリカ側に有利に進んでおり、第二のベトナムになる危険は殆どない。イラク国内の戦闘は、イラク人どうしの戦いになりつつある。二〇〇四年三月、インタビューしたコーエン前国防長官はこう述べている。

「外から侵入して来たアルカイダが市民戦争をしかけようとしている。シーア派を攻撃してスンニ派のしわざに見せかけ、スンニ派を攻撃させようとしている。彼らはクルドの人々までまきこもうとしている」

コーエン前国防長官は、イラクの戦争は内戦の様相を呈してきていると述べたが、イラクの平定に失敗すれば、世界のあらゆる先進工業国が大きく影響を受けることは必至で、アメリカは何としてでもイラクの事態をおさめると強調した。

「9・11」後のブッシュ大統領の政治をバブル政治だと非難し、イラクの戦争の失敗がブッシュ大統領の政治バブルの終焉《しゅうえん》であると言う人がいるが、そうした状況にはまずならないだろう。

2 ブッシュ非難は大統領選挙戦で終る

ブッシュ大統領に対する非難はどういうわけかCIAの情報に基づくものが多い。なぜアメリカCIAはブッシュ批判を作り出すような情報を流すのだろうか。答えは簡単でブッシュ大統領がテネットCIA長官を首にすることが出来なかったからである。ブッシュ陣営の政治家が新しくCIA長官に任命されていたら、ブッシュ大統領がCIAの意図的な情報もれから批判されることはなかっただろう。

テネットCIA長官は民主党びいきである。民主党のクリントン大統領に任命され、そのままブッシュ政権に居残った。連邦準備制度理事会のグリーンスパン議長とおなじである。

テネット長官が残ったのは、ブッシュ大統領が父親のブッシュ元大統領の考え方を受け入れ、党派をこえてCIA長官を扱ったからである。

ブッシュ大統領の父親のブッシュ元大統領はＣＩＡ長官をつとめたことがある。そのファーザー・ブッシュが「ＣＩＡ長官は超党派であるべきで、クリントン大統領に任命されたからといって更迭《こうてつ》すべきではない」と言ったため、ブッシュ大統領はテネットＣＩＡ長官をクビにしなかった。かくして共和党政権のなかに民主党よりのテネット長官が留任することになった。

ＣＩＡはもともとハーバード大学と近い。ユダヤ人が多く、しかもウォール街の影響を受けている。つまりブッシュ政権と敵対する陣営に近いのである。

ブッシュ大統領はサダム・フセインはアフリカのナイジェリアから核兵器の原料を買おうとした」と非難したが、「そんな事実はない」とナイジェリア駐在のジョセル・ウィリアム大使が嚙みついた。ウィリアム大使は根っからの民主党員で、再婚した妻もやはり民主党員のＣＩＡエージェントだった。彼女は人ぞ知るブッシュ嫌いである。

「イラクには大量破壊兵器はない」と発表したＣＩＡエージェントも民主党員で、反ブッシュだった。

ブッシュ大統領が世の中から非難されているのは民主党よりのＣＩＡエージェントがブッシュ大統領を嫌って、ブッシュ大統領に不利な情報を流したり、意図的にマスコミにもらしたりするからである。長官が民主党よりだから、反ブッシュ活動もやり易いというわけである。

だがこうしたＣＩＡの非難は、一般のアメリカ国民のブッシュに対する考え方と同じではない。ある世論調査では、「イラク戦争はアメリカのためになったか」という質問に対して、アメリカ国民の八十五パーセントもが「アメリカの国益にかなっており、アメリカの安全を高めた」と答えている。特にアメリカの西部や南部ではブッシュ大統領を支持する人が多く、東部のマスコミとはまったく対照的な世論の支持がある。

ＣＩＡだけでなくアメリカ東部の実力者やインテリもおどろくほど情熱的にブッシュ大統領を批判する。いわく「ブッシュ大統領は英語を正しく発音できない」、「親の七光りでハーバード・ビジネススクールを卒業した」、「親の力で金持ちになった」。

ブッシュ大統領がアルコール依存症だったことも厳しい批判の理由になっている。ふつうならアメリカ人は誰かがアルコールやドラッグの依存症になっても、そこから立ち直ればむしろ「よくやった」と受け入れる。ところがブッシュ大統領だけは非難されつづけている。こうなると「ブッシュがブッシュだから嫌いだ」と言っているのとかわりない。

ブッシュ大統領に対する非難は、主として選挙向けのものだ。非難のうしろにあるのは「ブッシュ大統領を再選させない」という、アメリカ東部、ウォール街、そしてハーバード大学などの政治的な決意である。

アメリカ東部の実力者、ハーバード大学やウォール街、「ニューヨーク・タイムズ」などは、さらに四年にわたってブッシュ大統領がホワイトハウスに居座ることになれば、自分達の立場や利権がまったくなくなってしまうと心配している。

二〇〇三年の暮、民主党の大統領候補を選出する予備選挙が始まった頃、ABBというバッジをしている民主党員が大勢いた。エニィボディ・バット・ブッシュの略で、「ブッシュ以外なら誰でもいい」というわけである。

エレクタビリティという言葉もひっきりなしに出た。つまりブッシュ大統領をやぶって大統領に「選ばれる可能性の強い」人物を民主党候補にしようという合言葉である。結局、ケリー上院議員が民主党候補になることが確実になったが、彼のエレクタビリティについては、疑問に思っている民主党員が大勢いることも確かである。

とにかくブッシュ嫌いの人々の反ブッシュキャンペーンは壮絶で、二〇〇四年の大統領選挙はこれまでになく汚いものになると予想する専門家もいる。

「今年の大統領選挙は歴史上まれに見るダーティーな選挙になるだろう」

友人のロバート・ノバックが私にこう言ったが、大統領選挙戦はこれからいよいよ本番に入る。ケリー上院議員が予備選挙戦で資金を使い果たしてしまったため、民主党側はマネートレーダーのジョージ・ソロスを中心に一億ドルをウォール街から、さらに組合や個々の反ブッシュ派からあわせて十億ドルをうわまわる選挙資金を集め、ブッシュ大統領を徹底的に批判しつづけることにしている。

一方ブッシュ陣営も、それを上回る選挙資金を投入し、テレビを使ってジョン・ケリー上院議員を攻撃する計画である。共和党側はケーブル・テレビを使って、特定の選挙民を対象にしたコマーシャルをすでに開始している。

アメリカのケーブルテレビは少なくとも五十から百のチャンネルがある。どのような人がどのチャンネルを視聴しているかを調べ、「中西部に住む三十才から六十才までの男性むけ」コマーシャル、「南部に住む労働者むけ」コマーシャルといった具合に、視聴者にあわせたコマーシャルを放送するのである。アメリカでは全国ネットワークのテレビを見る人がますます減って来ているため、共和党陣営はこうしたピンポイント・コマーシャルに力を入れている。

ブッシュ大統領の対立候補になったジョン・ケリー上院議員は思想的にはきわめて左よりで、政治的な失言が多い。いまアメリカで問題になっているゲイの結婚についても賛成したり、反対したりで、発言が一致していない。外交政策についてもその場しのぎの演説が多く、イスラエルとアラファトとの戦いについても、反対なのか賛成なのか態度がはきりしないという批判が強い。

「ケリー上院議員の議会での発言や投票の記録を調べると、実にいいかげんで、意見や態度をコロコロ変えている。彼は典型的なフリップ・フロップだ」

共和党のブッシュ陣営がこう言ったがフリップ・フロップとはあちらへひっくり返り、

こちらへひっくり返りというスラングである。ベトナム反戦運動に関係したことや女性問題をブッシュ陣営が徹底的に追及すれば、ケリー上院議員は政治的にかなり苦しい立場に追い込まれることになるだろう。

民主党首脳のなかでケリー上院議員を最も強く支持しているのはエドワード・ケネディ上院議員で、ケリー上院議員の選挙戦にしばしば顔を出して応援演説をする。だがケネディ上院議員の登場は、ケリー上院議員にとってプラスよりマイナスになっているという選挙専門家も多い。ケネディ上院議員自身に政治的な弱点が多すぎるからである。

エドワード・ケネディ上院議員は、二人の兄、ジョン・F・ケネディやロバート・ケネディとは違って政治的な実績が殆どないうえ、きわめて左よりで、マサチューセッツ以外では支持勢力を集めることができない。若い頃に女性を自動車に乗せ海に落ちて死なせてしまったというスキャンダルもついて回っている。

だが共和党側のケリー批判は、これまでの大統領選挙でもよく使われた、いわば普通のやり方で目新しいものではない。いっぽう民主党側のブッシュ大統領に対する批判は非常に組織的で、アメリカ進歩派陣営の総力を結集したものになることは確かである。アメリカの進歩派陣営はこう言っている。

「ブッシュ政権はイデオロギーを持っていない。アメリカの理想というものを持っていない」

つまり基本的な考え方がなく、しかも戦略がないと批判しているのである。民主党の進歩派陣営は、ブッシュ大統領がイデオロギー的な確固たる信念と戦略を持たないまま、アメリカの力を世界に拡大していると非難しているが、ウォール街の反ブッシュの旗頭、ジョージ・ソロスも雑誌「アトランティック・マンスリー」の二〇〇三年十二月号の中で、次のように述べている。

「ブッシュ大統領は、アメリカの卓抜した力を世界中に示すためにアメリカ人のテロに対する恐怖を利用した。ブッシュ大統領は世界の人々はそれぞれ違った考えをもち、違った生き方ができるという、開かれた社会の原則を信じていない」

ジョージ・ソロスだけではなく、ブッシュ大統領とその政権は、原理原則も確立せずに敵に対して先制攻撃を仕かけていると糾弾《きゅうだん》する人々も大勢いる。ブッシュ大統領がアメリカの力を単純に信じて、無原則に勝手なことをしていると非難しているのである。

こうした批判が堆積して「ブッシュ大統領は歴史や哲学に無知で、衝動的に軍事力を使って世界を侵略しようとしている乱暴者にすぎない」というイメージが作られている。

だが今ブッシュ大統領に問われているのは政治指導力であってイメージではない。ブッシュ大統領は短い間に世論を統一し、イラクに対する戦争をしかけ、とりあえずは成功した。現在は、ゲリラの攻撃がつづくイラクの戦いを終結させ、国際世論をまとめていくことができるかという政治指導力を問われている。

ブッシュ大統領を「乱暴者」だと批判する単純な見方のほうが乱暴で単純である。だいたい国家という巨大な組織の力が、それほど無造作に、そして指導者の恣意によって発動されるはずはない。

「自分のものさしで人を測る」という言葉があるが、ジョージ・ソロスは自分自身が、ルールを無視して国の貨幣を投機に使っているところから、ブッシュ大統領が軍事力を使って同じことをしていると思っているのではなかろうか。

だが国家の権力は、ジョージ・ソロスの投機と同じようには動かない。あくまでも国家としての大義が必要である。もっとも日本の新聞はアメリカのイラク戦争を「大義なき戦争」と呼び、ジョージ・ソロスと一緒になってブッシュ大統領の行動を批判しているようである。

だがこの世界に絶対の大義などなく、アメリカの大義は日本の大義にはなりえず、アメリカの正義が日本の不正義である場合はめずらしくもない。ブッシュ大統領のアフガニスタンに対する戦争は、日本やフランス、ヨーロッパの国々から見れば不正義の戦いということになるが、アメリカ国民の大多数は、アメリカの国益にかなった正義の戦いだと考えている。

ブッシュ大統領がアフガニスタンに対する戦いを終え、イラクに攻撃をかけようとしたとき、友人の元NBC国際記者がこう言った。

「9・11でブッシュもテフロン大統領になった。レーガン大統領はどんな行動をしても批判によって傷つくことがなかったのでテフロン大統領と呼ばれたが、ブッシュ大統領も9・11というテフロンで批判を免れるだろう」

ベテランのジャーナリストであるその友人は、ウォール街に支持されているジャーナリストや学者の批判で、ブッシュ大統領が深く傷つくことはないと考えている。だがすでに述べたように、進歩派陣営によるブッシュ批判は組織的に執拗に、これから数カ月間にわたってつづく。

ブッシュ陣営は二〇〇四年三月から選挙キャンペーンを始めたが、テレビの広告に「9・11」の救助作業にたずさわった消防隊員のイメージを使って、クレームをつけられた。消防隊員の組合には民主党員が多いため、クレームは政治的なものだと共和党側は釈明したが、ブッシュ陣営も、「9・11」のテフロンだけで批判をかわしつづけるのは難しくなってくるかも知れない。

だがアメリカ国民の八十パーセントが「イラクの戦争によってアメリカが安全になった」と考えているのは事実で、今後経済が急速に悪化するようなことがないかぎり、ブッシュ大統領は再選されるだろう。

3　ウォール街は再び敗れる

ウォール街は二〇〇四年の大統領選挙にあたって、労働組合や反ブッシュ勢力と協力しあって三百億円といわれる膨大な選挙資金を集め、ブッシュ大統領と戦おうとしている。

ウォール街はこれまでとまるで違うタイプのブッシュ大統領を毛嫌いしている。金本位制や土地、石油を重要なものとするブッシュ大統領の考え方とウォール街が全く相容れないのは当然だが、ウォール街の反ブッシュ派の中心が、かのマネートレーダー、ジョージ・ソロスである。

ジョージ・ソロスは自ら百億円を出すとともに、AFL・CIOのスイニー委員長と協力し、反ブッシュ勢力からあわせて三百億円の選挙資金を集めて、テレビによる大キャンペーンをくり広げようとしている。

しかしアメリカ国民の多くは今やウォール街も労働組合も、さらには左よりの政治団体も信用しておらず、ウォール街は再びブッシュ大統領に敗れることになるだろう。特にジョージ・ソロスが旗ふりとあっては、一般の人々の人気を集めるのは難しいだろう。彼は通貨投機であまりに儲けすぎた。

ジョージ・ソロスは、アメリカの雑誌「アトランティック・マンスリー」の二〇〇三年十二月号に「アメリカの覇権はバブルだ」と題してブッシュ大統領のイラク戦争は失敗に終ると書いているが、スイスのダボスで開かれた金融関係者の集会でも、同じことを繰り返したらしい。

ウォール街の金融関係者はブッシュ大統領のイラク戦争を厳しく批判し、「戦争は失敗に終って途方もない災害がアメリカを襲ってくる」と警告している。だがこうした批判や非難は、金融市場を信用せず、石油や金、土地などを高く評価する西部の金持ちや石油業者が、アメリカの政治を動かしていることに対する憎しみから生じている。

ジョージ・ソロスは、イラク戦争がブッシュ政権の強力な政治力によって可能になったと考えている。その政治力が周りまわってマネートレーダーのビジネスをつぶしにかかるのではないかと心配している。

「ジョージ・ソロスはクリントン政権の政治力の弱さを利用して、通貨トレーダーとしてたんまりと稼いだ。だがブッシュ政権がつづけばビジネスに破綻をきたすのではないかと心配しているのだろう」

ホワイトハウスのスタッフの一人がこう明言したが、ジョージ・ソロスはブッシュ大統領の強力な指導力を心配して悪口を言いまくっているらしい。もっとも私はブッシュ大統領とジョージ・ソロスのどちらに正義があるかといった論議に立ち入るつもりはない。

私はジョージ・ソロスには会ったことがないが、彼の右腕だった主要スタッフの一人ロバート・ジョンソンを知っていた。彼は若くしてハーバード大学の博士号をとり、アメリカ議会のスタッフとして活躍した。私が彼に会ったのは、その頃である。

彼は連邦準備制度理事会のグリーンスパン議長のスピーチライターと結婚したが、きわめて頭のよい会話の上手な女性だった。そのあとジョージ・ソロスに引き抜かれてワシントンからニューヨークに移った。

それから三年もたたないうちに、彼は通貨の取り引きで大金持ちになり、コネチカットに邸宅を買っただけでなく、ボートの専門雑誌に紹介されるような豪華なヨットも買い入れた。最後に会った時は、マネートレーダーをやめてニューヨーク大学で教えていたが、あまりに金が儲かりすぎて、マネートレーダーの仕事がむなしくなったのだろうと推察したものである。

ジョージ・ソロスのもとに移ってすぐの頃、彼はイギリスの通貨ポンドが安くなるのを見越し、先売りをして膨大な儲けを手にした。損害を受けたイギリス政府はカンカンにハラを立て「イギリスの地に足を踏み入れたら逮捕する」と彼に言ったそうである。

右腕だったロバート・ジョンソンの仕事と儲けぶりから推察すれば、ジョージ・ソロスの儲けは我々の想像を絶するほど膨大なものだったに違いない。こうしたジョージ・ソロスの投機は、情報と度胸を使っての正当な行為ではあるが、通貨を金儲けに使っているとしてヨーロッパ各国の政府やブッシュ政権は強く指弾している。

先売りで政治的権威を傷つけられたイギリス政府は、ジョージ・ソロスを犯罪者扱いしているし、フランス政府も同じ態度を取っている。ブッシュ政権もまたジョージ・ソロスを犯罪者に近いと考えている。

そうした中で日本政府だけが日本円の投機で円の信認を傷つけられたのにもかかわらず、あまり厳しく非難していない。その理由は、日本政府の元金融当局者がジョージ・ソロスにとりこまれているためだといわれている。

ジョージ・ソロスは通貨の投機にあたって弱い国家を選ぶ。とくに政治家が腐敗している国、指導力の弱い政治家に率いられた国を相手に荒稼ぎをする。日本政府と日本の官僚、政治家がジョージ・ソロスにとってよいカモだったのは当然だろう。ジョージ・ソロスからすれば日本は国家としての機能をなくしている。実にたやすい金儲けの対象なのである。

まだロバート・ジョンソンがソロスのもとに居た頃、こんなことを私に言ったことがある。

「日本の大蔵省のトップに電話をすることもあるが、愛想よく電話に出てくるよ」

「情けないことだ」と思ったが、こうしたジョージ・ソロスの商売をブッシュ政権はうさんくさいと思っており、ウォール街の通貨を対象としたマネー投機を敵視している。ジョージ・ソロスからすればブッシュ政権に狙われているわけで、ブッシュ政権が強い政治力を持っていては不安である。

ジョージ・ソロスがブッシュ大統領とその政権を批判し、ブッシュ大統領の政治がバブルで、やがては崩壊すると言いつづけているのは、強い政治力に反発しているからだ。彼はブッシュ大統領が政治指導力を発揮し、国民世論を動かし、強力な軍事力を使って中東に攻め込んだことをを不安な気持ちで眺めている。

このブッシュ大統領の強い政治力が国の通貨を守る行動となって、ウォール街にのしかかってくるのは当然のなりゆきだろう。この事態を恐れたジョージ・ソロスはブッシュ大統領を批判し、ブッシュ大統領をホワイトハウスから引きずり出そうとしているのである。ジョージ・ソロスを代表とするウォール街の人々がブッシュ大統領の政治力と政策を危険視している理由は二つある。

第一は、ジョージ・ソロスをはじめウォール街の人々が、グローバリズムと称するやり方で世界を動かそうとしており、国家や政府と対立しているからである。

ジョージ・ソロスが主張しているグローバリズムは世界市場主義であり「政府には邪魔をさせない」という考え方だ。世界のビジネスが国境をこえた一つの力によって動かされるのを望んでいる。一つの力というのは市場主義のことであり、政府の力を否定する考え方である。ビジネスが政治を抑えるべきだと思っている。

ジョージ・ソロスに代表される人々は、グローバリズムというシステムの下で、世界の国々の仕組み無視して金を稼ぎ、世界を動かそうと考えている。このため、ブッシュ大統領のやり方が気に食わない。ブッシュ大統領は、アメリカの政治の論理と指導力、それに軍事力によって世界を動かそうとしている。その象徴がイラクに対する戦争である。

ブッシュ大統領の政治力が強ければ強いほど、そして国家の政治力が強くなればなるほど、国家の力を無視して自由に動き回ろうとするウォール街の利益が損なわれることになる。

ジョージ・ソロスがブッシュ大統領の政治をバブルであると非難し、アメリカの一人勝ちという状況が、イラクの戦争の失敗によって崩壊すると警告しているのは、アメリカの力を早くなくしてしまいたいと望んでいるからだ。

ジョージ・ソロスの望んでいる世界は、おおげさに言えば無政府主義の世界なのである。国家の権力が弱くなり、混乱する世界をジョージ・ソロスは望んでいる。これが第二の理由である。

各国の通貨をあやつって儲けるのがジョージ・ソロスの仕事だとすれば、世界は無政府状態の方が良いと考えるのは当然だろう。ソロスの仕事にとって国家権力は邪魔者以外の何ものでもない。

もっとも「無政府主義」ではあまりに聞こえが悪いと思っているのだろう、ジョージ・ソロス氏を代表とするウォール街の人々は「国連に頼ればいいのではないか」としきりに主張している。

だが現実問題として、国連は国家の集合体に過ぎず、基本的には国家をこえる権力をほとんどといっていいほど持っていない。つまり、国連主義、国連に頼る体制というのは、今の国際社会においては無政府主義とあまり変わりはない。イラクの戦争が始まる前、ブッシュ大統領と対立し敗れ去った国連安保理は、力を失った無政府主義的な集団にすぎないのである。

もっとも日本では平和主義が国連主義と言う建前をとっているため、ジョージ・ソロスの主張が大歓迎されている。そしてアメリカでは、ジョージ・ソロスと同じ考え方の人々が「ブッシュ・ヘイティング」つまり「ブッシュ憎し」と呼ばれるブッシュ大統領を嫌う動きの中心になっている。

だがすでに述べたように、ブッシュ大統領を嫌う勢力はアメリカ東部とインテリに限定されている。結局のところアメリカ国民は、ブッシュ大統領を再選する。ジョージ・ソロスをはじめとするウォール街は再び敗れてしまうのである。

4　フランスは二度負けた

フランスのシラク大統領は、国連の場を使ってジョージ・ブッシュ大統領のイラク戦争を批判し、その行為は国際社会を混乱させたと警告した。このときシラク大統領のブッシュ大統領批判は、あきらかに通常の外交上の行動の常識をこえていた。シラク大統領の態度は、アメリカに戦いをいどんでいるような印象を与えた。

フランスのシラク大統領は国連の会議場で、まるでかつて冷戦の時にソビエトの指導者を批判した以上の荒々しさでブッシュ大統領を攻撃したが、このシラク大統領のブッシュ批判の背景にはフランスの全マスコミをあげてのブッシュ批判がある。

フランスのマスコミの真意がどこにあるのかはおくとして、とにかくフランスのありとあらゆるマスコミが、ブッシュ大統領とその政権を、まるで日本のスポーツ新聞や週刊誌が犯罪者を扱うように派手に攻撃し続けた。フランスのマスコミ全体が、シラク大統領のスポークスマンであるかのような印象を世界に与えたのである。

その頃、ワシントンから東京に戻る飛行機の中で私はフランスの学者に会った。彼は私がエネルギー問題の番組を作った時にインタビューした、フランス電力会社の重役の友人で、ハーバード大学を卒業している。どちらかといえばアメリカ通である。

その彼がシラク大統領の政策を手ばなしでほめ、ブッシュ大統領を批判しつづけたあとこう言った。

「アメリカにとっての救いは、国際主義者であるコーリン・パウエル国務長官がアメリカ外交を動かしていることだ」

パウエル国務長官はブッシュ大統領が保守派とのバランスをとる為に任命したが、ブッシュ政権の中でも発言力はきわめて限られている。フランスの学者が、それもハーバード大学で学んだ人物が、国務長官と大統領を同列に論じることに驚いたが、「ブッシュ大統領が憎い」という、フランス人の真情から出ているのは明らかだった。

フランスのシラク大統領がブッシュ大統領を批判し、憎みつづけている理由は幾つかあるが、ブッシュ大統領に対する個人的な反発が強いようである。

二〇〇一年ブッシュ大統領が就任した直後、シラク大統領と会った際ブッシュ大統領は、フランスとヨーロッパの影響力についてあまり高く評価していないことをうかがわせる発言をした。

これは私の友人のジャーナリストが教えてくれたことだが、もともとブッシュ大統領はテキサス人気質がつよく、東部のアメリカ人とは異なり、ヨーロッパの文明や政治をさして尊敬していない。

テキサスの人々は独立自尊の気質を持つ。一八三六年にメキシコとの戦争に勝った後およそ十年間、合衆国に入らずに独立していた。アメリカは州ごとに旗があるが、なかでも「ローン・スター」、孤高の星のテキサス旗はとくに有名である。

テキサスに行くと、そのローンスターの旗を公共の建物だけでなく、あらゆる場所で見ることが出来る。レストラン、事務所、ガソリンスタンド。テキサスの人々は誇り高くテキサス旗を掲げ、ヨーロッパという旧大陸からやってくる雑音などに耳をかすことは時間の無駄だと思っている。

こうしたテキサス人ブッシュ大統領とその側近たちの考え方が、これまでアメリカの政治の主流だったハーバード大学ウォール街の人々との考え方と大きく違っているのは当然だろう。ハーバード大学のあるアメリカの東部、とくにニュー・イングランド地方の人々は、その名前からも分るように、ヨーロッパと強いつながりを感じている。

ニューイングランド地方の中心地ボストン周辺には、先祖がアメリカの宗主国だったイギリスから来たという誇りを持つ人々が大勢いる。だがイギリスから「直接やって来た」ことが非常に大事で、同じくイギリスの植民地だった西インド諸島から移って来た人々は、やや下に見られると聞いて驚いたことがある。どちらにしても移民ではないかと思ったからである。

イギリスだけではない。「フランコマニア」とよばれるフランス熱愛者も大勢いる。子供達を一定期間、フランスの学校に入れるアメリカ人を沢山知っているが、ずい分昔のこと、出版社の重役をしている友人が息子を半年ほどフランスのリヨンに送り出した。彼は学校に通いながらアルバイトをし、フランス語が達者になって帰国した。しばらくたってフランス人の知り合いにこう注意された。

「息子さんは労働者のフランス語をしゃべっていますよ」

息子はアルバイトで道路工事の作業員をしていたのである。

フランスといえばキッシンジャー博士が二十年程前、最初の私とのインタビューで「フランスのドゴール首相と会った時には、体が震えるほど緊張した」と言ったことがある。私は二〇〇三年暮のインタビューで、アメリカとフランスとの関係についてこう聞いてみた。

「ブッシュ政権のラムズフェルド国防長官は、ヨーロッパは古く、なかでもフランスはとくに古いと考えています。ブッシュ大統領もフランスにはほとんど注目していないのではないでしょうか」

キッシンジャー博士はこう答えた。

「我々の世代はヨーロッパの文化の中で育ち、フランスの政治が歴史的に大きな役割を果たしたことに感銘を受けてきた。だがいまやまったく新しい世代、あるいは中西部の人が政治を動かしつつあり、フランスとの関係も変わってきている」

フランスのシラク大統領がブッシュ大統領に反発し、嫌っている理由は大ざっぱに言って二つある。

その最大のものは「イラクを始め中東の多くの国々は、フランスのものである」と考えていることだ。その中東へアメリカが兵力を出動させると聞き、シラク大統領はアメリカがわが家の裏庭に挨拶もなく、足を踏み入れてきたと感じたのである。

もともと中東の国々は、第一次世界大戦後、トルコ帝国が敗れたあと分割されてできあがったいわば人工的な国家である。国境線もフランスとイギリスの将校が、まさに鉛筆をなめなめ地図の上に確定したのである。

その後第二次大戦でドイツが攻め込んだり、アメリカがやって来て影響力を強めたりした。そして第二次大戦のあとは、冷戦の高まりとともに政治的にソビエトが介入し、大きな政治的変動が生じたのである。

だがフランスという古い国にとっては、第一次大戦後に新しい世界が確立された過程で出来上がった中東はフランスのものだという思いが強い。そうした中にブッシュ大統領が無作法にも足を踏み入れてきた。

フランスのシラク大統領が腹を立てているもう一つの理由は石油である。シラク大統領はブッシュ大統領の軍事行動が成功すれば、サダム・フセインに貸した金と契約を結んだ油田が永久にフランスには戻ってこないと恐れたのである。

フランスのシラク大統領は、ブッシュ大統領が登場する前、サダム・フセインとの間に協定を結び、チグリス・ユーフラテス川の地下深くにある油田二つをフランスが掘る計画をたてた。そして膨大な資金をサダム・フセインに貸しつけたのである。

ブッシュ大統領のイラク攻撃というのは、フランスのシラク大統領にしてみれば、考えられないような暴挙だった。もっともシラク大統領は、ブッシュ大統領がイラクに地上軍を送り込む能力はないだろうと思っていた。私のペンタゴンの友人はこう言っている。

「シラク大統領は、ブッシュ大統領が地上部隊を動かして、イラクに攻め込む力はないと思っていた。そのためサダム・フセインにもアメリカに戦闘はさせないと約束していた」

このシラク大統領の保証をそのまま信じたサダム・フセインは、すでに述べたように、ブッシュ大統領が攻め込んでくることはないと考え、たとえ攻めてきたとしても数カ月にわたる爆撃のあとになると思い込んだ。

だが事実はそうではなかった。シラク大統領の予想ははずれ、アメリカ軍はイラクに進撃し占領してしまった。

フランスのシラク大統領はこうしたブッシュ大統領のイラク攻撃は、現実のアメリカの力の限界を超えたものだと考え、失敗するにちがいないと今でも信じている。そして失敗させるために、ドイツをまきこんで政治的な妨害をつづけているのである。

シラク大統領は、イラク戦争が始まる前、国連安保理事会の議長国がドイツであることに注目し、ドイツと共同戦線を組んでブッシュ大統領のイラク戦争に反対した。

このときシラク大統領がどのような利益を与えるという約束でドイツのシュローダー首相をまき込んだかは明らかではない。ともかく日頃は仲の悪いフランスとドイツが、アメリカに対抗して反ブッシュ体制を作り上げた。

もっとも私の知る限り、シュローダー首相はややおっちょこちょいなところがある反米主義者だ。私がシュローダー首相に会ったのは、わずか二回、それも首相に就任する前のことだったが、彼は特徴のある大きな目をむいて、はっきり私に英語でこう言った。

「アメリカなどこわくない。アメリカの言っていることに盲従するつもりはない。我々はいまやアメリカと対等だ」

シュローダー首相は、ドイツの社会民主党の指導者で、ドイツ社会民主党の若者が反米で平和主義的であるのは確かだ。選挙が近づいていたシュローダー首相は、有権者の若者たちを喜ばすために、フランスと一緒になってアメリカに対抗したのである。

だがドイツの国益を守るという立場にたてば、かるがるしく反米的な態度をとるべきではなかった。ましてフランスのシラク大統領と同盟体制を結ぶことが、ドイツの立場を危うくすることになるのは明らかだった。ブッシュ大統領の側近であるエバンズ商務長官にこの話をしたとき、彼は私にこう言った。

「ドイツでは左派勢力が強い。若者が反米的なのでシュローダー首相もやむをえずシラク大統領と同盟したのだろう。だが本当に反米主義者のシラク大統領と、反米の若者をかかえているシュローダー首相とは立場が違う」

シュローダー首相は反米的な若者に迎合するために、シラク大統領と同盟したが、選挙の直後には、反米的な発言をひっこめている。だが結局は国内の政治改革に失敗し、二〇〇四年二月始め、与党の党首の座を投げ出してしまった。

シラク大統領と同盟し、ブッシュ大統領を批判したドイツのシュローダー首相は、最後には国内政治でも負け犬になり、いまやフランスのシラク大統領と共に、ヨーロッパで孤立している。

日本ではイラク戦争を強行したアメリカが、世界から孤立していると見る人が大勢いる。これは典型的な東部の新聞「ニューヨーク・タイムズ」の論調に影響されているためで、現実的な国際社会の中でみれば、いまやシラク大統領とシュローダー首相のほうが孤立している。

シラク大統領は、フランスの誇りを傷つけられ、イラク石油の利権という欲にしがみついてアメリカに真っ向から対立したが、けっきょく敗退してしまった。アメリカの中西部や南部などの世論調査などを見ても、ブッシュ大統領が世界で孤立しているとは考えておらず、むしろ「ヨーロッパに勝った」と思っている人の方が多い。

国連でフランスがアメリカに真っ向から対立した時、ハンバーガーについてくるポテトのフライをフレンチ・フライと言わずにペイトリオット（愛国）フライとよび、フランスワインやエビアンを飲むのをやめたアメリカ人は大勢いる。

「ノルマンディー上陸作戦から始まってフランスをナチから解放するまで何人のアメリカ兵が死んだと思っているんだ。フランス人は恩知らずだ」

こう言って怒っているアメリカ人をテレビのニュースで見た。「イラク戦争をやったことでブッシュ大統領は、ヨーロッパとの戦いにも勝った」という素朴な声が、ブッシュ大統領の再選に密接につながっている。フランスとドイツの鼻をあかしたブッシュ大統領は二〇〇四年、間違いなく再選される。

5 国連安保理は惨めに敗退した

国連の中心とも言うべき安全保障理事会は、フランスを中心にブッシュ大統領のイラク戦争に真正面から反対したが結局は敗れた。抵抗がすさまじかっただけに打撃も大きく、国際的な常識からみて、いまや国連安保理は終焉《しゅうえん》してしまったということができる。

国連安保理の終焉は、国連の存在自体が危うくなっていることを意味しているが、国連がなくなった結果、日本がどのような影響を受けるかという問題については、あとで詳しく述べる。

アメリカのブッシュ大統領は国連の反対をものともせずというよりも、国連の動きをほとんど無視してイラク戦争を始めた。国連の総責任者ともいえるアナン国連事務総長は、始めは猛烈に反対し動き回っていたが、国連のおかれた立場をはっきり知るとともに、正面切っての反対をやめてしまった。このため国連の中からは、アナン事務総長が国連を裏切って、ブッシュ大統領のイラク戦争に協力をしているという批判まで出てきた。

「国連事務局はいま大騒ぎだ。アナン事務総長を批判する声が強くなっている。特にアジア、アフリカ諸国のなかにはアナン事務総長を裏切り者あつかいするところもある」

ニューヨークの国連事務局で働いている私の古い友人がワシントンにやってきてこう言ったが、国連事務局の高官たちは、ブッシュ大統領がやがては国際世論の批判や反対を受けて、足をとられると信じていた。

イラク戦争が始まる直前、国連安全保障理事会で、フランスとドイツの代表が口をきわめてブッシュ政権を批判した時、国連の事務局の中では拍手をした者もいる。

こうした国連のブッシュ批判は、結果的には国連の力がブッシュ大統領のやり方を押しつぶすことになるだろうという安易な考え方から生じていた。

国連の力が何にもまして強いという思い込みと国連に対する思い入れは、アフリカやアジア諸国だけでなく、日本にも及んだ。二〇〇二年の暮、イラク戦争がまだはっきりしない頃、私が中曽根元総理にこう言ったことがある。

「ブッシュ大統領は国連の討議にかかわりなく、戦争を始めますよ」

するとと大勲位はこう言われた。

「今の世の中、国連が認めない戦争なんか始められるわけはないよ」

その時、日本の国連尊重主義は政界の長老にも染み込んでいるという感想をいだいたことを覚えているが、国連事務局もまた「ブッシュ大統領は国連の許しもなしに戦争をするはずがない」と見ていた。

「ブッシュ大統領の思い上がりは現実の重さに押しつぶされてしまうだろう。アメリカの力がどれだけのものか思い知るだろう」

二〇〇二年暮、ニューヨークで会ったあるアジアの外交官は、こう軽く言ったが、国連は、アメリカとブッシュ大統領がその力の限界を思い知ることになると宣伝しつづけた。

だが敗れたのは国連だった。アメリカの人々は、居丈高《いたけだか》になってアメリカを批判するフランスとドイツの国連代表を憎み、ブッシュ大統領の背後に集結した。

私のジャーナリストの友人がこう言った。

「アメリカ人はこれまで国連を無視してきたが、これからは国連を憎むだろう」

国連は、ブッシュ大統領を批判する国連総会を世界にテレビ中継したが、そのために面目丸つぶれになってしまっただけでなく、大きな打撃を受けていまや立ち上がれないほどの傷を負った。

もう一つの国連の失敗は、アメリカ軍の協力を求めないまま代表をバグダッドに送り込み、反政府ゲリラのロケット攻撃を受けたことだった。いったい何を考えてイラクまで出かけていったのか明らかではないが、国連代表部は「イラクの戦争に反対した国連は、アメリカの協力を得なくとも安全だ」とでも考えたのだろう。

国連代表部はイラクに次長クラスの代表を送り込んだが、大々的な援助活動を始めたやさきに反政府ゲリラのロケット攻撃を受け、代表をはじめとして多くの死傷者を出してしまった。

イラクの国連代表部はアメリカの護衛も受けず、独立して行動していたが、国連のことなど鼻も引っかけない反政府ゲリラに攻撃されて、完全に面子を失ってしまった。国連の高官たちは、アメリカが無理な軍事行動を行い、イラクから撤兵しなくてはならなくなると考えてきたようだが、アメリカ軍よりも先にイラクから撤退しなくてはならなくなった。国連はイラク戦争で、国連の名誉と国際的な影響力を失ってしまった。

二〇〇四年に入ってからアメリカ政府は国連の協力を求め始めた。だがその実質は、アメリカの力の下における国連の活動である。国連の名義貸しといった行動である。

そもそもブッシュ大統領とブッシュ政権は、国連にまったく権威を認めておらず、独立した力を与えようとは考えていない。これから国連は、アメリカ政府の管轄のもとにある国際機関となってしまうだろう。

安保理で完全にアメリカに打ち負かされ、その上イラクの反政府ゲリラからも狙い撃ちされるという状況にあっては、国連もアメリカの命令に従うほかはなくなっているのである。

アメリカはこれから独自の権限を持ち、自らの力でイラクの政治を安定させていくだろう。国連に対しては、協力を求めるが、あくまでもアメリカの力のもとにおける協力である。イラク政府の新しい組織や政治のあり方、憲法、教育、安全保障など、すべてについて国連は協力をしなければならないが、何であれ決定権をも与えられることはない。イラク戦争の結果、アメリカと国連の位置ははっきりしたといえる。

国連はイラク戦争に反対するという立場をアメリカの政治力によって簡単に打ちくだかれた。その結果、アメリカの力に隷属する組織になってしまったのである。

国連事務局やアナン事務総長はそうした国連の立場を回復すべく政治工作をつづけているが、ブッシュ大統領とアメリカ政府は、基本的な立場を変えるつもりはない。

イラク戦争で全てを失った国連はこれから、地球上の他の問題で統治者能力を発揮することはできないだろう。その立場はますます弱くなり、国際社会での発言権が急速に弱まっていくことは避けられない。

イラク戦争が始まる前の国連当局やアナン事務総長の立場は、歴史的な経過からすれば当然のことながら反米的で、アメリカを押さえ込もうというものだった。そうした国連にアメリカ国民はハラをたて、信用しなかった。

アメリカ国民が、その国連を叩きつぶしたブッシュ大統領を支持するのは当然である。このこともブッシュ大統領の再選につながっている。

第三章

誰が「金」の値段を高くしたのか

人類は金をあがめて来た。マルコポーロは金をもとめてはるばる東洋に旅し、スペインは金を略奪するためにインカ帝国を滅亡させた。金本位制論者は金の値段は神が決めるものであり、人間が作る貨幣よりもはるかに正確に物の価値を表すと主張している。現在世界に存在している金の量は合わせて六千トンだといわれている。そして金を一オンス掘り出すのに三七〇ドル程度の経費がかかる。

1　金本位制を信ずる

ヒューストン郊外の古い戦場のあとに作られたサンハシントの塔に登ったことがある。頂上まで登って周りを見ると、見渡すかぎり大平原である。それこそ天地のはてまで雑木林と小高い丘、そして草原が続いている。日本で暮らしていると想像もつかないほどの広さである。

テキサスではあらゆるものが大きい。知り合いの政治家の牧場に呼ばれたときも驚いた。朝ジープで、牧場に隣接する家を出発した。林を通り抜け、小川にそって走り、橋をわたり、十時間以上走ってようやく牛がたむろしている所へついた。

「三百頭以上いるはずだが、ほかの牛がどこにいるか見当もつかない」

ジープの窓からのぞきながら彼が言ったが、どう見ても百頭もいなかった。テキサスの牧場主は、牛の飼育に人件費をまったくかけないのを建前としている。

「牛が赤ん坊を産み、自然に育ってそれが市場に送り出される」

こう言って笑っていたが、これではいくらBSEが問題になっても、感染した牛を見つけだす手間が大変だろうと思った。

「牛は自然に生まれ、自然に育つ。手をかけるのは塩をやることぐらいかな」

テキサスだけでなく、アメリカ西部では牧場の牛は、ほとんど自然に育つ。したがって日本政府が要求しているBSEの牛を一頭ずつ検査することなどは思いもよらない。

「昔からBSEの問題はあった。一頭でもBSEの噂が出れば周りの牧場主が押しかけて、牛を全部殺してしまえと騒いだものだ。そうなると銃の打ち合いがおきる」

そういえば西部劇の映画でその場面を見たことがある。牧場主が涙ながらに牛を全部撃ち殺してしまうというような筋書きだった。とにかくアメリカ西部、特にテキサスでは全てのスケールが違う。

私のある知り合いの牧場は、テキサス州とメキシコの国境に位置している。国境線が牧場の中を走っている。彼はアメリカ政府の外交政策が大嫌いで、かつて冷戦が華やかなりし頃には、自分の子分達を勝手に、共産主義者と反共主義者が戦っている国に送り込んだりしていた。アメリカ政府は国境が彼の牧場の中にあるため、彼の行動をとめることが出来なかった。

彼の話を信用すれば、強力な兵器を持った数十人の男たちが、牧場からメキシコに入り、メキシコのどこかの港から中南米の国々やアフリカに渡って、共産主義政府と戦いをやっていた。

むろんこうした動きをアメリカ政府は好ましくは思っておらず、ＦＢＩの捜査官を送って追及したらしいが、広い牧場に立ち入ることができず、彼の子分達は自由に世界中を飛び回って共産主義者と戦っていたという。

彼の牧場をひとまわりするには、ほぼ一日かかった。あちこちに牛の群れが草をはみ、ところどころに石油を掘り出す塔が立っていた。彼の使用人たちは、ここから毎日石油を集めて市場に売りに出したという。もちろん税金など払ったことはない。

テキサスにはこういう男たちが何人もいる。彼らはワシントンが嫌いであり、ＦＢＩやＣＩＡを憎んでいる。

「ＦＢＩは救いのない官僚で、民主主義の敵だ。ＣＩＡはユダヤ人のグループだ」

ビールを飲むとこういって気勢をあげていたが、彼の広い牧場はアメリカ政府の権限がまったく通らない場所でもあった。こうしたテキサスの男たちがまったく信用していないのがワシントンのアメリカ政府とアメリカ政府の発行するドル札である。

テキサス出身のロン・ポール下院議員は二〇〇三年九月五日、アメリカ下院で講演し、なぜアメリカのドルが信用できないか語ったことがある。この中でポール下院議員は、アメリカのドル札がアメリカの経済活動の大きさを決めているため、やがてはアメリカを滅ぼすと正面きってドル不信を明らかにした。そして「金本位制しか信用できない」と述べたのである。

アメリカの下院議員が正々堂々とドルを信用できないと述べたわけで、まさにアメリカならではの出来事だが、ポール議員は紙幣であるアメリアのドルは、資産ですらないと主張している。

「政府が刷るドル札が、経済活動を決めるというのは、言いかえれば紙キレが経済の暴君だということを意味している」

アメリカ政府の刷るドル札が、アメリカ経済を支配するのは許せないというのであるが、その中でポール議員がもっとも強く非難していること三つある。

まず、ドル札の印刷量をワシントンの政府が決めるのは非道徳的である。これはアメリカ経済全体の大きさをアメリカ政府が決めてしまうことになり、神をも恐れぬ行為だと非難している。

第二に、ワシントンが利息の額、つまり金利を決めるのも許せない。金利を決めるのは人間の力をこえた行為であると怒っている。

第三に、市中銀行に貸し付ける条件をワシントンの政府が決めるのはおかしい。

こういったポール議員の主張は、現在の資本主義社会でまかり通っている政府の権限を真正面から否定しているが、ようするに彼は「通貨そのものが道徳にそむく」と主張しているのである。

ポール議員は「ものの値段や経済活動の全てを、政府が決めるのは道徳に反する」と切り捨てているが、もともと中央政府ができるのが遅かったアメリカでは、あらゆる面で、中央政府の力に対する不信がある。中央政府の力が州の権限を制限し、個人の自由を侵すのは間違っているという考え方が強い。

アメリカでも時代が変わるにしたがって中央政府の権威が認められるようになり、国際社会における立場が確立してくるとともに、人々は政府の印刷する通貨を信用するようになった。だがテキサスには、自分達の力によって全てを決めるべきだと考えている人々が大勢いる。彼らは今なお、アメリカ政府のドルを信用していない。

アメリカの歴史の中で、中央政府の印刷したドル札をもっとも有効に使ったのは、一八六一年ホワイトハウスに入ったエイブラハム・リンカーン大統領だった。リンカーン大統領は南北戦争を戦うための費用をまかなうために盛大にドル札を刷り、流通させてヨーロッパから兵器を大量に買い込んだ。

この歴史の事実からも「アメリカ政府の通貨は戦争をするために中央政府が印刷して使う」と信じているアメリカ人が沢山いる。とくにテキサスには、この古い考え方から抜けきることができず、いまなおワシントン政府のドル札を信用しない人々が多いのである。

アメリカで全米的に政府の銀行が確立したのは一九一三年である。日本の中央銀行である日銀の設立よりも遅い。しかもアメリカの人々が本格的に中央政府のドル札によって生活をし、ビジネスをするようになったのは大恐慌の後だといわれる。

それまでのアメリカでは、金や銀が通貨として使われる一方、経済活動が活発になってきた後は、ヨーロッパの通貨がニューヨークに運ばれて利用された。

ニューヨークの巨大銀行は全てヨーロッパに支店を持ち、ヨーロッパの通貨をアメリカに持ち込んで経済活動を助けた。その結果、経済活動が急に拡大すれば通貨が不足し、恐慌が起きた。

アメリカで経済活動が急に混乱し、恐慌が起きる原因の一つは明らかに通貨不足だった。だが多くの人々は、それでも政府の刷るドル札を信用しようとしなかった。その最大の理由はロン・ポール議員が述べているように、政府が勝手に札を刷り、値段を決めるのは不合理で不道徳だと考えていたからである。

この態度は、中央政府が全てを取りしきることを当然と考えている日本人とはまったく正反対である。日本では徳川時代、幕府の官僚萩原重秀が金貨に銅を混ぜ、質を落して流通させた。これによって幕府は莫大な利益を得たが、人々はだまってこの質の落ちた通貨を使い続けた。

アメリカの人々、特にテキサスの人々なら暴動を起こしただろう。いや、はじめから使わなかったに違いない。彼らは国がこうしたことをやるのを恐れ、通貨を信用しないのである。

テキサスの人々は通貨を信用しないだけでなく、ＦＢＩもＣＩＡをふくめあらゆる政府組織を不信の目をもってみている。中央政府、つまりワシントンの連邦政府が個人の利益や自由を侵していると考えており、政府は小さければ小さいほうがいいと思っている。

政府の象徴がアメリカの通貨ドルであり、ドルは悪の象徴というわけだが、これはきわめて皮肉な現象ということができる。

いまや世界の多くの国々はアメリカにあらゆる物を輸出し、そのかわりにドルを受け取っている。現金のドルか、ドルを象徴するアメリカ連邦債を手にする。ウォール街でアメリカの企業が発行する企業の株もまたドルによって裏づけられている。

このようにドルが、世界中の資産となっている時にアメリカの人々、とくにテキサス人がドルをまるで信用していない。そして現在のアメリカ第四十三代大統領ジョージ・ブッシュはまぎれもなくテキサス人なのである。

今なぜアメリカでは金が高くなっているのか。答えは簡単である。「金こそ市場体制にもとづくアメリカの物価を決める」と、ブッシュ大統領とテキサスの人々が考えているからである。

2　ワシントンとドル紙幣を信用しない

アメリカのブッシュ大統領は金を信用し、アメリカ政府のドル札を信用していない。それ以上に信用していないのがウォール街である。

もともとウォール街は、クリントン大統領を支持しており、一九九二年の大統領選挙戦でもクリントンを応援し、四十一代ブッシュ大統領にはまったく冷たかった。この結果、息子である四十三代ブッシュ大統領の強い反感を受けることになった。

四十三代ブッシュ大統領は、父親の第四十一代大統領に不親切だった政治家や財界人を嫌っており、ホワイトハウスにも立ち入らせないと言われている。これまでのいきさつからウォール街も信用していない。

ブッシュ大統領の財政政策についての右腕であるスノー財務長官もアメリカ財政の中心ともいえるアメリカ財務省と真っ向から対立している。もっともこの点について問題があるのは、財務省当局の官僚たちである。彼らはサマーズ前財務長官とその側近が作り上げた財政政策を心から信奉し、スノー財務長官やブッシュ大統領など、ドル札を信用しない政治家や学者達をまったく認めていない。

ブッシュ大統領はテキサス出身で、もともとアメリカのドルを信用していないことはすでに述べたが、ドルについてどう思っているかは、二〇〇三年後半からドルが安くなっている時に「まだドルは高い」と言い張ったことにあらわれていた。ブッシュ大統領は「ドルは高い」と記者会見で発表し、スノー財務長官も同じことを言いつづけていた。

クリントン政権の時代アメリカの貿易赤字もそして財政赤字も減り、その結果ドルが強くなっているのは事実だった。しかしそれはあくまでも比較の問題であり、趨勢《すうせい》で考えると、二〇〇三年後半には円やマルクとの交換レートでドルが安くなっているのは明らかだった。

ところがブッシュ大統領とスノー財務長官がドルはまだ安くないと言いつづけていた。ブッシュ大統領とスノー財務長官がそう言い張る裏には政治的な理由があった。ドルが安くなれば、アメリカは貿易がしやすくなる。輸出を伸ばすために外国の政府と衝突しなくてすむ。したがってドルを買い支えたくないというのがブッシュ大統領の考え方である。このため「ドルは安くない。買支えをする必要もない」と言いつづけたのである。

その後二〇〇四年二月にG7の会合で、日本やヨーロッパの代表が「ドルは安すぎる、何とかすべきだ」と主張した時も、ブッシュ大統領は何もしなかった。耳をかすことすらしなかった。

ブッシュ大統領をはじめとしてブッシュ政権のドルに対する考え方を見ていると、ドルの交換レートについては、あまり真剣に心配をしていないようである。つまり他の通貨に対する交換レートが安くなり、ドル安になってもまったく動じるところがない。

ニクソン大統領が金本位制をやめて以来、アメリカの貿易赤字は増えつづけ、ドルが世界の金融市場に溢れた場合には、常にドル安になってきた。つまりドルが溢れればドルが安くなるという、経済的にはきわめて自然な現象が起きたが、歴代の大統領はドルが安くなるといつも心配した。

一九八五年九月二十二日のレーガン政権のプラザ協定のように、アメリカ政府が政治力を振るってドルの交換レートを勝手に安く決めたケースもあるが、その場合にはアメリカの政治力がものを言った。

つまりドルの交換レートを安くするのも高くするのもアメリカの政治力であり、アメリカ大統領の意思次第だということができる。そしてブッシュ政権が登場したあと、明らかにドルの交換レートが円やユーロに対して安くなりつづけているのにもかかわらず、ブッシュ大統領とスノー財務長官は、「ドルはまだ安くない」と言っているのである。

これをどう見るか。ブッシュ大統領とスノー財務長官は何を考えているのか。誰の目にも明らかなのは、ブッシュ大統領とスノー財務長官が「ドルの交換レートなどどうでもよい」と考えていることである。

ドルの交換レートが安くなったからアメリカの威信が傷つくなどとは、まったく考えてもいないのである。むしろ輸出がしやすいのであれば、そのままでいいと思っているのは明らかだ。したがってＧ７で日本やヨーロッパの国々がどう抗議しようと、耳もかさないということになる。

このブッシュ大統領のものの考え方は、きわめてテキサス的である。ドルの交換レートが安くなろうが、どう変動しようが心配しない。もともとドルを信用しないからドルをためこんだり、ドルで貯金をしないというテキサス流の考え方だ。

「ドルは経済活動の道具にすぎず、資産としてためるものではない。したがってドルの値段である交換レートがどう動こうと騒ぐことはない」

こう思っているに違いないのだが、こうしたブッシュ大統領の考え方は、日本のエコノミストや専門家から見るとじつに不可解である。

日本の経済専門家は、ドルの値段、交換レートは生産性の象徴であり、国の力を現していると思っている。このため「ドルは強いほうがいい」とブッシュ大統領が考えているはずだと思っている。ところが事実はそうではない。

このブッシュ大統領のものの考え方を知るには、前に私が述べたアメリカの人達、とくにテキサスの人達の、中央政府の通貨に対する考え方を理解しなくてはならない。

もともとテキサスの人々、そしてブッシュ大統領は、アメリカ政府の通貨を資産としては考えていないから、その値段がどうなろうと心配はしない。アメリカの貿易政策がうまく運び、しかも世界の人々がアメリカのドルを受け取ってくれれば、それだけで良いと考えている。

その考え方を端的に示すのが「ドルはまだ安くない」という言葉だ。ドルの交換レートがどんどん下がっているにもかかわらず、アメリカの代表であるアメリカ大統領が「ドルはまだ安くない」と言う。人々は不安なくアメリカのドルを受け取り、使うであろう。

ブッシュ大統領が世界の人々をだますために「ドルは安くない」と言っているとは思わないが、結果的には安くなりつづけているドルを大統領が「まだ安くない」と言っているので、人々が不安もなく受け取っている。

趨勢としては、ドルは今後も安くなりつづけ、ことと次第によっては紙切れになってしまう危険がないわけではない。そういった場合には、アメリカ政府が対応せざるをえなくなるのは明らかだが、それでもブッシュ大統領は「まだドルは安くない、高い」と言いつづけているのである。

ブッシュ大統領は本心ではアメリカ政府のドルを信用しておらず、資産と考えていない。ブッシュ大統領は、明らかに自分の資産としては金と石油、それに土地を信じている。テキサスの人間としては当然のことだろう。

テキサスには金本位制論者が多い。金を資産にし、金こそ経済活動の中心になるべきだと考えている。二〇〇〇年に、クリントン政権のもとウォール街がバブルになった時にテキサスのヒューストンに住む金本位制論者は私にこう言った。

「株価はこれからダウ平均五千ドルになるだろう。そうなればウォール街の人々も資産は金と石油だということが分かってくるはずだ」

当時ウォール街のダウは、一万ドルを越していた。そしてさらに安くなったときには七千ドルに近づき、ヒューストンの金本位制論者が主張している五千ドルに近づきつつあった。

結局はそこまでは安くならず、再び上昇に転じたウォール街のダウは、あっという間に三千ドルほど戻したが、依然としてテキサスの金本位制論者は金こそが資産の中心だと思っている。

金と石油、それに土地は一連のものであり、テキサス育ちのブッシュ大統領が本心ではテキサスの金本位制論者と変わらない気持を持っているのは当然だろう。

当たり前のことだが、こうしたことをブッシュ大統領が非公式の席であっても口に出したことはない。だがドルの交換レートが安くなりつづけている中で、まだ「ドルは安くない」と主張し、ドルの交換レートを高くして欲しいというG7の主張に耳をかさないのは、ドルの交換レート、ドルの値段に関心がないのだと思わざるを得ない。

3　金は高くなりすぎることはない

現在世界で流通している金は合わせて六千トンといわれている。金を貯蔵している人は秘かに隠し持っていることが多く、この六千トンという数字がどこまで正しいかは、証明しようもない。

しかし金本位制論者達は六千トンという金の量を信じており、金を欲しがる人が増えれば金の値段が上がり、減れば安くなると思っている。その欲望が経済の土台で、金の値段こそが神の決めたことだと信じている。したがって金を商売の取引に使うことこそ神の意志にそうもので、道徳的に正しいと考えている。

先に紹介したテキサスのロン・ポール下院議員などは、まさに金本位制論者の旗頭で、金をビジネスの基本にすることこそ人類の使命で、国が勝手に印刷するドル紙幣を使うことは罪であるとまで言っている。

日本人にとってあまりに極端なこの論争に深入りするつもりはないが、金の埋蔵量が限られており、人々が手にする量が決まっているのだから、その値段を勝手に作り出すことが出来ないという金本位制論者の理屈に一理あるのも確かであろう。

それに比べて通貨は政府が刷りまくれば、当然のように値段が安くなる。通貨を貯金していれば結局、損をすることになる。すでに述べたように、徳川幕府の官僚萩原重秀は金にまぜものをして通貨を改悪したが、現在のアメリカ政府はドルを刷りまくって同じことをしている。違っているのは当時の日本の人々は文句を言いながらも銅を混ぜられた金貨を使っていたが、現在では事態はそう簡単ではないということである。

「中国政府はドルを信用しておらず、今年は外貨の保有高の二パーセントを金にしようとしている」

アメリカ財務省の関係者がこう言ったが、中国のドルの保有高は、四千億ドルといわれている。二パーセントといえば、百億ドル近くなる。世界各国がドルの保有を嫌い、金をため込もうとすれば、ドルの値段はさらに下がり、金の値段が上がる。

現在世界各国が保有しているアメリカのドルは、アメリカの連邦債を中心として二兆ドルにのぼっている。この二兆ドルの連邦債を世界各国が金にかえようとすれば、大騒動が起きるはずである。現在のアメリカの繁栄と世界経済はその危険の上に成り立っているのである。

二〇〇四年に入ってからユーロの値段が上がりつづけ、二月には一ユーロが一ドル二十五セントになった。ユーロの値段が上がり、ドルが下がっているのは、日本の金融機関がドルを売って、ユーロを買っているからだといわれるが、日本の銀行や個人投資家が金を買い始めれば金の値段が上がり、アメリカの債券の値段が暴落する。

こうした状況を考えれば、ドルを信用しないテキサスの人々、そしてその代表であるブッシュ政権も、野放しに金の値段を高くしようとは考えてもいないはずだ。ウォール街の専門家はこう言っている。

「ブッシュ政権は一オンス四百二十ドル程度で抑えようと考えているらしい。それ以上に金の値段が上がりつづけたりすれば、債券市場が大混乱するだろう」

金の値段を抑えようとすれば、アメリカ政府は金利を上げなければならない。あるいはドルの印刷を制限しなければならなくなる。そうなれば、経済を拡大することが難しくなる。

「アメリカのドルの交換レート」、「債券の値段と量」、それに「金の価格」は適切なバランスを必要とする。金の値段を高くすることだけが、テキサスとブッシュ大統領の利益になるとは限らない。このためドルについては冷淡なブッシュ政権といえども金の値段を高くすることに奔走することはできないのである。

だが現実問題として、ドルの値段、つまり世界の主要国家の通貨に対するドルの交換レートは、一九七一年八月十五日、ニクソン大統領が金本位制を廃止していらい下がりつづけている。

一九七一年八月十五日までアメリカ政府は、世界の国々がドルをアメリカ政府に持ってきて、金にかえてくれるよう請求した場合には、金を渡さなければならなかった。

三十二ドルが一トロイオンスというのが取り決めだった。

「ニクソン大統領が金本位制を廃止したことによってブレトンウッズ協定は死んだ」

こう言う人がいるが、世界の基軸通貨をドルと定めた第二次大戦後のブレトンウッズ協定は、本当のところは金本位制だった。

金が背後にあったために世界の人々はドルを無条件に受け取ってきたのである。

ドルを支えたアメリカの金は、アメリカが第二次大戦に勝って世界中からかき集め、アメリカ陸軍基地フォートノックスに貯蔵されたていた。

第二次大戦後、アメリカ占領軍が日本銀行に押しかけ、トラックで多量の金を奪い去る写真が残っているが、奪われた金はそのままフォートノックスに送られたのであった。だがそうした金も、ベトナム戦争の浪費などから、第二次大戦が終って二十数年後には底をついてしまった。

その結果が金本位制とブレトンウッズ協定の終焉になったが、世界中の人々はそのことに気づいていない。現在もまだブレトンウッズ協定が有効で、その協定に基づくドルを基軸通貨だと考えている。

ところが現実はそうではない。一九七一年八月十五日以降、アメリカ政府がせっせと印刷しているアメリカのドル札を裏付けるものは、本当のところ何もないのである。

これまでアメリカ大統領は、裏付けるものはアメリカの政治力であり、アメリカ大統領の責任であるというフリをしてきた。だが実際のところアメリカのドルが信用されているのは、アメリカが強大な軍事力と、卓抜した戦争能力を持っているからである。それが金のかわりにドルを裏付けている。

ブッシュ大統領が「ドルはまだ安くない」と言いつづけている背後には、イラク戦争で示されたアメリカの軍事力に対する絶大な自信がある。

ブッシュ大統領はドル札というものを、あまり強く意識していないためか、アメリカの軍事力さえあればドルは世界で通用すると考えており、十分に機能しているという自信を持っているのであろう。

ブッシュ政権とテキサスの人々がアメリカのドルを信用していないことは、ドル経済の重要な要素であるウォール街を疑っていることにつながる。この人々は、アメリカ政府のドルも債券も、そしてウォール街の発行する株も信用していない。

ブッシュ政権の人々が、ウォール街を信用しないため、ウォール街を支配するユダヤ人に対しても反感を持っていると考えている人々が大勢いる。だが、そもそもウォール街がユダヤ人のものであるという見方のほうが、きわめて偏っており間違っていると私は思う。

ただはっきりしているのは、金融ビジネスが複雑になり、高度な技術と理論が必要になるとともに、そこで働く人々にとびぬけた頭脳と教育が要求されることである。そして教育といえば、アメリカ人のなかで教育にもっとも力を入れるのがユダヤ人なのである。

ユダヤ人はなぜ教育を重視するか。ユダヤの人々は、ナチスドイツによるホロコーストに見られるように迫害されつづけて来た。歴史的に見てもイスラエル建国まで安住の地がなかったため、資産についても特殊な考え方を持つようになったと考えられる。

「ユダヤ人は身につけられるものだけを資産だと思っている」

迫害を受けて逃げるとき、身につけるには金ですらかさばりすぎる。ダイヤモンドが最適だが、もっとも安心なのは、身につけた技術であり教育である。

この教育によって培《つちか》われた技術がアメリカの金融業界を動かしているために、ウォール街といえばユダヤと言われるまでになった。

この考え方に従えば、アメリカのドルや株やウォール街を信用しないブッシュ政権は、反ユダヤ政権ということになる。ところがブッシュ政権の戦略を作り、実際にブッシュ政権を動かしているユダヤ人のエリート達は数え切れないほどいる。

金本位制やそれにつながる石油、さらには土地、資産を信ずる人達すなわち反ユダヤ勢力と断ずるのは、現実から見ればはなはだしい間違いである。

4　石油は高ければ高いほうがいい

ブッシュ大統領とテキサスの人々が考えている「資産」というのは、金と石油と土地である。

一九九〇年代の終りから二〇〇〇年にかけてアメリカでもバブルが起きたが、その中心は株だった。日本で土地の値段がバブルになったように、アメリカでは新しいＩＴ企業の株がバブルになった。そして破裂した。

日本でもアメリカでもバブルによって不良債権が発生し、経済活動が滞った。日本では、土地バブルによる損害を受けて銀行が機能しなくなり、現在もまだ不良債権を処理する仕事がつづいている。

いま日本の経済活動は、アメリカ経済と中国経済の拡大のおかげで日本企業の輸出が増え、銀行の不良債権や官僚体制が改善されないにもかかわらず活発になり始めている。アメリカでも「やっと日本経済が回復に向かった」と見る人が多くなっているが、不良債権の処理は依然として日本経済に重くのしかかっており、今なお損害を与えつづけている。

だがアメリカではバブルによって生じた株による不良債権、特にＩＴ株による不良債権はそのまま個人の損害として切り捨て、石油や土地の値段を高くすることによって経済活動を活発にしている。

これが日本とアメリカにおけるバブルの処理の大きな違いだろうと思う。日本では銀行の機能を助けるために不良債権の処理に全力があげられている。その結果、経済活動だけにとどまらず、政治活動、社会活動にまで支障が出ている。

しかしアメリカではバブルの処理の伴う経済活動の停滞はあまり見られなかった。不良債権をそのまま切り捨ててしまったためで、多くの場合には不良債権で損をしたのは、全て個人の責任というかたちになった。

そうした不良債権を切り捨てたあとアメリカ経済は、石油をはじめとするコモディティと土地の値段を高くすることによって経済を活性化したといえる。この仕組みについて今深入りするつもりはないが、いまアメリカ経済をおし進めている要素の一つが、ブッシュ大統領とテキサスの人々が深く関わっている石油である。

アメリカの石油はすでに一九七〇年代にピークを過ぎ、アメリカは石油の輸入国になっている。だが石油事業という点から見れば、アメリカは依然として世界の石油王国である。「石油を掘り出す技術をはじめとして、油田を見つける技術、さらには石油を加工する技術など、あらゆる技術をアメリカが握っている」

石油業界の出身で、ブッシュ大統領の親友のエバンズ商務長官がこう言ったことがあるのだが、この彼の言葉を象徴するのが世界の石油産業の中心ヒューストンである。

「ヒューストンは二十四時間活動している。石油は世界中で二十四時間掘られているのだから二十四時間活動する」

エバンズ商務長官はこう言ったが、ヒューストンが石油事業の中心であり、世界中の石油を動かしていることは間違いがない。これはちょうどペンタゴンが世界の軍事情勢を左右し、軍事産業を動かしているのと同じだ。

アメリカの石油の産出高は一九七〇年に頭打ちになったが、世界の石油産業の動きはアメリカが握っている。「世界の石油産業が動いている限り、アメリカは世界の中心だ」と言われるゆえんだが、石油の値段が上がればアメリカが経済的にうるおうことになる。世界の石油産業の収入は、ヒューストンが握っているからだ。

すでに何度か述べたが、ブッシュ大統領は明らかに石油の値段を高くしようと考えている。アメリカ政府の発表によると、ブッシュ政権はアメリカの石油の戦略備蓄を減らしており、クリントン政権の頃に比べて半分にしているといわれている。

アメリカは世界の石油の消費量の極めて多くの部分を使っている。気候が寒くなりすぎたり、暑くなりすぎたりすれば、石油の消費が増えアメリカの石油の値段は急に上がる。

ブッシュ大統領が石油の戦略備蓄を減らしたため、アメリカの石油の値段が上りつづけていることは既に述べたが、アメリカ国民の間に大きな苦情の声はあがっていなかった。

だが一ガロンが二ドルに近づいた二〇〇四年の三月中旬頃から、テレビのニュースでもたびたび取り上げられるようになった。

「配達で一日平均二百マイルは走る。ガソリンの値段がこんなに上がっては商売にならない」

ニュースのインタビューを受けた家具の配達会社の責任者がこうこぼしていたが、いま人々が心配しているのは、夏になっても値段は高いままだろうか、ということである。

アメリカ人は夏休みに入ると車で走りまわる。休暇で海へ行くにも山に行くにも車で移動する。子供をキャンプに送って行く時も車である。一日に数百キロを移動するから、ガソリンの値段が高いと家計にひびくのである。こうした石油の高値の影響を受けているのはアメリカだけでない。

「いまや石油の値段はイラク戦争の前の段階にまでなっている。こんなに石油の値段が上がっては商売にさしつかえる」

日本の石油産業の経営者がこう悲鳴をあげているが、ブッシュ政権の政治的な姿勢のおかげで、世界中で石油の値段があがっている。

二〇〇四年二月、OPECが日産二百五十万バレルの生産切り下げを行い、この動きがブッシュ政権の圧力によるものだと言われていることはすでに述べたが、この二百五十万バレルという数字がイラクの石油の産出額と同じであるところが憎たらしい。ブッシュ政権はイラクを占領し、イラクの石油二百五十万バレルが世界の市場に出回るようになった時に、ＯＰＥＣの産出額を二百五十万バレル削減させたというのである。

ところで世界の石油事業の情報について奇妙な変化がおきている。クリントン政権の時代には、ＩＴが進むとともに石油不足の心配がなくなるいわれた。油田の発見や掘削《くっさく》の技術が急速に進歩しているので、石油不足はなくなると、アメリカ中の石油専門家が口をそろえて言っていたのである。

ところがブッシュ政権が登場すると共にすでに述べたように石油不足が心配されるようになり、石油の値段が急速に上がり始めている。石油の値段が上がれば世界経済が打撃を受けるのは当然である。

これまでのアメリカ政府は石油の値段を抑え、経済の拡大を計ってきた。ところがブッシュ政権はそうした心配をしていないようである。このためブッシュ政権の石油がらみのスキャンダルが取りざたされるようになっているが、テキサスの人々からすれば資産防衛のための当然の努力ということかも知れない。

金と石油、土地を資産として信じる人々にとって、石油の値段が高くなれば資産が増える。世界にとって不幸なのは、その考え方の中心にいるのが、いまや強大な軍事力を持つアメリカの大統領だということである。

世界のエネルギー学者達は、高い石油に代わって風力や原子力、核融合の技術を開発しなければならないと言い始めているが、新しいエネルギー源を開発するには膨大な経費がかかる。ブッシュ政権と石油業者たちは、そうした高価なエネルギーへ移る前に、石油の値段が高いのは当然だという考え方を持っているようである。

「ブッシュ政権は次の戦争の場所をアフリカにしようとしている」

ブッシュ政権の戦略担当者がこう言っているそうだが、アフリカではごく一部をのぞけば、まだ石油資源が開発されていない。いわば手つかずになっているが、ブッシュ政権はこのアフリカに軍事拠点を置いて、アフリカの石油を独占しようと考えているという。アフリカのアルジェリア、アンゴラ、ガボン、ナイジェリア、チュニジアといった国は、膨大な油田を持っているが、ブッシュ政権はそこに狙いをつけ始めている。

むろん世界のほかの国々も黙って見てはいないだろう。アフリカで石油の争奪戦が始まった時、各国の人々はブッシュ政権の石油を求める新しい戦略によって、世界が新しい時代に入ったことを思い知ることになる。

5　アメリカ人は土地を投機対象にしない

ニューヨークのマンハッタンでは、コンドミニアム、日本でいうマンションの値段が高くなりつづけている。私の知り合いは二〇〇三年の春に、マンハッタンの中央に一ＬＤＫの小さなコンドミニアムを買った。一ＬＤＫといっても日本の二、三倍はある。窓が大きく、マンハッタンの摩天楼街の眺めが素晴らしい。

そのコンドミニアムの値段が「一年間に二十パーセント以上も高くなった」と言って友人は喜んでいたが、アメリカの住宅、不動産は株のバブルが終ったあとも値段を上げている。

アメリカでコンドミニアムや住宅の値段が高くなっているのは人口が増え、国が大きくなっているからである。二〇〇三年、アメリカは百万人の移民を受け入れ、二百万以上の子供が生まれた。二十年もすれば、アメリカの人口は四億に達すると推定されている。

アメリカの住宅不動産の値段が上がりつづけていることについて「新しいバブルではないか」と心配する人がいるが、専門家はその心配はないと言っている。

「アメリカの人々は日本人と違って土地の投機を行わない。土地の値段は利用価値によってきまる。したがってバブルになりようがない」

アメリカでは土地の値段があがっても、価格の適正な上昇であり、資産の価値が増しただけだと考えられている。アメリカの人達の多くは、土地をもっとも大事な資産の一つだと考えている。身につけられるものを資産だと考えてきたユダヤ系の人々もアメリカに住めば、やはり土地を資産だと考えている。一つ例をあげて見よう。

私の長年の友人であるユダヤ系アメリカ人の医者が、三十年以上住んでいたワシントン郊外の家を売ってコンドミニアムに引っ越した。子供達が独立して家が広すぎると感じるようになり、庭の手入れなどにも疲れたからだという。定年退職も近い。

彼の家は買った時は十万ドルだったが、それが六十万ドルで売れた。夫婦とも五十五才以上で、家には五年以上住んだから差額に税金は全くかからない。

「株や投資信託ではもうけたり損をしたりした。ＩＴ株のバブルでは四十パーセント以上も損をした。けっきょく家が一番安全な資産だった」

彼はこう言ったが、ワシントン首都圏は人口が急速に増えており、評判の良い公立学校の通学圏にある住宅は、売りに出したとたん買い手が殺到するという。友人の医者の家も、アメリカで一、二といわれる公立高校の通学圏にあるため、予想よりも高く売れたのだという。

中古住宅の市場が確立しているアメリカでは、収入が増えるとともに家を買い換え、その度に値上がりした分で儲けている人々はいる。だが投機のためにするのではない。

私の番組を手伝ってくれているアメリカ人の編集技術者は最近、郊外に持っていた家を売ってワシントン市内のコンドミニアムを買ったが、「かなり差額が出ました」と喜んでいた。彼はまだ三十代のはじめで独身である。大学を出たあと仕事について収入を得るようになるとすぐ親から頭金をかりて家を買い、空いている部屋をやはり独身の男性に貸してローンの支払いの足しにした。

「親に言われたんです。家を買えば資産になるって。その通りでした」

彼はこう言ったが、クリントン政権時代にウォール街で株のバブルを経験したアメリカの人々は、土地と不動産の価値をあらためて見直している。

もともとアメリカの人々にとって土地はきわめて大切である。遺産相続でも土地は基本的に長男が相続するとされている。これについて私は詳しく調べたわけではないが、アメリカの人々は伝統的に、土地を細かく分けて息子や娘達に相続させることはしてこなかった。細かく分けてしまっては資産として残らないという考えからだろう。

「財産の相続は当然のことながら平等に行われる。しかし土地は長男のものだ」

こういった暗黙の了解があり、この問題についてゴタゴタが起きたという話はあまり聞かない。財産のうち株や宝石、絵画といったものは次女や次男に分け与えられるが、土地はそっくり長男がもらう。

「アメリカでは開拓時代から長男が土地を全て相続した。次男以下は土地が欲しければ西部へ行かなければならなかった」

こう聞いたことがあるが、アメリカの西部開発の歴史は、土地相続のあり方に大きな理由があるようだ。この遺産相続についての考え方は、アメリカ人の資産についての考え方を象徴しているように思われる。

個人の信用を測る調査の中で「どこに住んでいるか」という項目がある。アパートか、借家か、持ち家か。最も信用されるのは、自分の土地に自分の家を持っている場合である。クレジットカードの申込書などにも必ずこの項目がある。自分の土地に自分の家を持っている人物が一番信用される。これはあくまでも不文律だが、資産について考える時には最も重要なことだ。

アメリカでは一年平均ほぼ五百万戸の家が売り買いされる。アメリカ経済の好況と不況を占う指数になっているが、アメリカではバブルが終ったあとも、依然として活発に住宅が売買されている。

こうしたアメリカ人のものの考え方は、日本の人々には奇異に感じられる。第二次大戦が終って日本を占領したアメリカ軍は農地改革を行って地主から土地をとりあげ、小作人にただ同然で与えた。しかも政府によるアパート政策を推し進めさせた。

こうしたアメリカ占領軍の政策は、アメリカの伝統的な考え方とは一致しない。だがマッカーサー元帥以下のアメリカ占領軍は、日本の国家システムを徹底的に破壊するために、こうした政策をおし進めたのだろう。日本人の資産についての考え方を狂わせ、社会の秩序を壊すのが狙いだったかもしれない。

だがこの農地改革と都会におけるアパート政策のおかげで、第二次大戦後の日本経済の復興と民主主義化が急速に進んだことも事実である。

現在のブッシュ政権の政策はきわめて保守的で、国家主義的であり、軍事的には核兵器による先制攻撃を容認している。その背後にあるのが金本位制であり、石油と土地を資産の中心だとする考え方である。

こうしたブッシュ政権の考え方がアメリカの経済政策の中心になっているために、ウォール街のリベラルな人々と衝突し、ヨーロッパや日本とも衝突することになる。

だがアメリカの歴史で見ると、ブッシュ大統領とその政権と同じような考え方をした人々や政権はごく最近まで存在してきた。もっとも二十世紀に入って、ブッシュ大統領とその政権と同じような考え方をする人は珍しく、レーガン政権がもっとも近い考え方をした政権だろう。

ブッシュ大統領とその政権は、それより昔の考え方で、その系列を探すと、第七代大統領アンドリュー・ジャクソンがそうであった。

アンドリュー・ジャクソン大統領は、ノースカロライナとサウスカロライナの州境で生まれ、強烈な指導力をもっていたことで知られている。アメリカ西部の開拓に情熱を燃やし、インディアンに対して猛烈な戦争をしかけたことでも有名である。

その流れをひく金本位制論者は、二度にわたってアメリカ大統領を務めたという珍しい経歴のグロバー・クリーブランド大統領である。最近では第二十五代大統領ウィリアム・マッキンリーが強力な金本位制論者で、同時に戦争の上手な大統領でもあった。

アメリカの歴史を見れば、ブッシュ大統領とその政権は決して特異な政権ではない。アメリカの正当な大統領の一人と言ってもよい。

アメリカの歴史を見ると優れた大統領は優秀な戦争の指導者であり、健全な通貨政策を実施したことで知られている。今あげたアンドリュー・ジャクソン大統領やウィリアム・マッキンリー大統領は、そういった大統領の一人であり、公平に言えばブッシュ大統領もその一人ということができる。

金本位制というのは、ケインズ経済学やいまの世界経済から見ると、まるで違った理論のように聞こえるが、アメリカの政治の中で見れば珍しくはない。紙幣による経済は道徳的にも政治的にも、また経済的にも正しくはないという見方は、アメリカの歴史に何度も登場している。

貨幣経済が政治によって決められるということは、その延長線上に社会主義が存在するというロン・ポール下院議員の主張は、日本人には唐突に聞こえるが、アメリカの政治のなかではそれほど驚くべき主張ではないのである。

アメリカの通貨制度や政治のあり方、あるいは大統領を評価するにあたっては、アメリカの歴史を十分に知る必要がある。アメリカの社会が古いしきたりをそのまま残しており、宗教的にも政治的にも、建国以来あまり変わっていないという事実に注意する必要がある。

アメリカが、一七七六年に独立して以来、基本的には戦いに敗れていないこと。そして国のあり方について、憲法の修正条項に見られるように、方向を変えたことはあっても基本を変えたことはまったくないことに目をとめる必要がある。

ブッシュ大統領が推し進めている外交政策やテキサスの人の支持している金本位制、そして土地や石油が資産であるという考え方は、きわめてアメリカ的なのである。

アメリカの人々は、土地についても伝統的な考えを保っている。アメリカの土地の値上がりを見て、一九九〇年代の株のバブルにつづいてアメリカでも土地のバブルが起きてくるのではないかと心配する人が日本には大勢いる。

だがアメリカの人達は土地を買うにあたって経済価値に見合う値段しか払わない。将来を見こして、土地を投機的に買うことをしないのである。土地を投機の対象としないから、アメリカでは土地がバブルにならない。

アメリカは広大で、人が住むことの出来る土地が多い。しかも移動性の強い国民性を持っている。アメリカ人は土地に高い値段を払いたくなければ、別の所に住もうとするだろう。したがってアメリカの土地はバブルにはならない。

第四章

理由なくドルの交換レートが変動する

一九九五年一月一日　一ドル一〇三円

一九九八年一月一日　一ドル一三二円四〇銭

二〇〇〇年一月一日　一ドル一一一円六五銭

二〇〇二年一月一日　一ドル一三二円一四銭

二〇〇四年一月一日　一ドル一〇六円九八銭

このように円とドルとの交換レートが変動するのを、経済的に説明するのは不可能である。株の値段が理由なく乱高下するように、ドルと円の交換レートも経済的な理由なく変動する。

1　マスコミと噂でドルの交換レートが変る

二〇〇四年二月の終りに、ニューヨークの市場で円が急落した。わずか一日か二日の間に三パーセントも安くなったのである。このとき日本とアメリカの経済情勢にはそれまでと殆《ほとん》ど変りがなかったため関係者を驚かせた。

円が急落した原因は「アルカイダが日本を攻撃する」という噂だった。中東からの情報として「ビンラーディンは、イラクに自衛隊を出動させた日本に報復するため日本本土でテロをやる」という噂がニューヨークに野火のように広まったのである。「ビンラーディンは当分捕まらない」という情報も加わっていた。

この噂の結果、日本の円が三パーセントも安くなったのである。つまり日本円は経済の実態とは関わりなく、噂によって大きく値を下げたのだった。これからも日本円やドル、ユーロの交換レートが、単なる噂によって大きく動くという事態が十分に考えられる。

その最大の理由はまず、金あまりで世界中に資金が溢れているからである。市場メカニズムという名のもとに、経済の実態とは関わりなく交換レートが決まってしまう環境になっている。

次に、ＩＴの進化によって情報の伝わり方がますます早くなり、とんでもない情報が一度に爆弾のように市場に落ちてくるからである。二月末の円の暴落について言えば、「ビンラーディン日本攻撃」という噂に世界の市場が即座に反応したのである。

この頃アメリカの企業は経営者に対して「イラクへの自衛隊出動で日本はテロ攻撃を受けて混乱する心配がある」として、東京での会議を一切やめるように指示していた。噂があっという間に拡がる素地が十分に出来ていたのである。

ニュースはこれまでも市場を動かしてきた。スターリンが死んだ、ガガーリンが宇宙を飛んだ、ケネディが暗殺されたといったニュースで市場が大きく動いた。いまでは噂が市場を動かしている。

イエール大学のロバート・シラー経済学教授は既に『不合理な乱高下』という著書のなかで「まもなく株が理由もなく乱高下する時代が始まる」と予測した。シラー教授は、金あまりになって株の値段が企業の実績や配当とは関わりなく高くなり、しかも無責任な情報が横行するようになっているため、突然にたしかな理由もなく株が乱高下するようになっていると述べた。まさに同じようなことが主要通貨の交換レートにも起きているのである。

シラー教授の学説は、新しい情報化の時代には、避けて通ることの出来ない事実を示すと共に、将来の金融業界のあり方を予測したものだった。だが通貨の交換レートが理由もなく変動することは、株の乱高下以上に世界経済に重大な悪影響をもたらす。

ジョージ・ソロスのようなマネートレーダーが暗躍し、通貨によって大もうけしようとすれば、交換レートの理由なき乱高下が世界経済を直撃することになりかねない。シラー教授はこうした危険な状況を避けるためには、これまでのような単純な株の売買などではなくヘッジファンドのような新しいかたちの投資が必要だと述べている。

この点について今詳しく立ち入るつもりはないが、通貨の交換レートが理由もなく乱高下することは、通貨のマーケットシステムの限界をはっきりと示している。ところが通貨の自由な行動を保証するためには、マーケットシステムが必要であり、各国の政府が勝手に交換レートを決めるという仕組みでは、世界経済を円満に動かすことはとても出来ない。

マーケットによるシステムが交換レートを理由もなく乱高下させている状況をみていると、アメリカ政府が毎年ドルを数パーセント安くすることによって、アメリカの貿易赤字を帳消しにしようとしているのではないかという疑いが出てくる。

「疑いがある」としか言えないのは、アメリカ政府がいまやドルの交換レートについてはいっさいしゃべらないからである。

「ワシントンで今交換レートについて話すことが出来るのは大統領だけだ」

ロバート・ノバックがこう言ったが、ブッシュ大統領が交換レートについてしゃべることは殆どない。つまり誰もワシントンでは交換レートを口にしないのである。

かつて冷戦が盛んだった時代のアメリカでは、マクマホン法によって何人といえども核兵器について話すことを禁じられていた。核について話すこと自体が国家に対する反逆であった。いまや程度こそちがえ、ドルの交換レートの見通しを話すことがアメリカに害をなすと考えられるようになっている。

したがって「毎年、貿易赤字の額と同程度、アメリカ政府はドル安にしようと考えているらしい」というほかはないが、事実二〇〇一年以来アメリカの円に対する交換レートは数パーセントずつ安くなっている。ヘンリー・キッシンジャー博士は二〇〇三年の暮、私とのテレビ・インタビューでこう言った。

「アメリカのドルは百円ぐらいになるだろう。ただ百円は切らないはずだ」

キッシンジャー博士がこう言ったとき、一ドルはちょうど百十円だった。もともとキッシンジャー博士は経済の問題にはあまり関心がない。インタビューでもドルと円の交換レートについては話したがらなかった。だが二〇〇一年、ブッシュ政権が登場してからは、ドルの主要通貨に対する交換レートなどの予測もするようになっていた。キッシンジャー博士はブッシュ政権に近い。

キッシンジャー博士が「百円は切らないはずだ」と述べた時、私は直感的にブッシュ政権の政策がそのあたりにあるのだろうと思った。

アメリカのドルは、すでに述べたように一九七一年八月十五日、ニクソン大統領が金本位制をやめて以来、趨勢として安くなりつづけている。一九八五年九月二十二日のプラザ協定のあとには、瞬間的にではあるが、日本円に対して八十円を割り込んだことがあった。

ドルが安くなりつづけているのは、アメリカの貿易赤字が増えつづけているからだ。アメリカの貿易赤字が増えれば、アメリカはドル札を刷って世界各国に渡さなければならない。この三十年間、ドルを渡しつづけ、すでに四兆ドル、日本円にすると四百兆円以上のドル札が世界中にばらまかれている。その量が増えるにしたがってドルの交換レートが安くなるのは当たり前である。

二〇〇三年の夏を過ぎた頃から、アメリカ経済がよくなり、消費を拡大しつづけているために、世界各国からあらゆるものがアメリカに輸出されるようになっている。アメリカの自動車は、この一年で一千五百万台以上売れており、これまでの平均的な売上と比べると二十パーセント以上も増加している。

こうしたアメリカ経済の好況は、世界中の人々の理解をこえる。アメリカでは仕事が増えず、消費できる資金があまりない筈なのに一般消費が拡大しているからだ。自動車をはじめコンピューターやＤＶＤ、家具、衣料品と、あらゆる品物が世界からアメリカに流れ込み売れていく。

これについてアメリカ経済の中心にいる、連邦準備制度理事会のグリーンスパン議長が、議会の証言の中でこう述べたことがある。

「アメリカ経済は、まだ本格的にはよくなっていない。仕事も増えていないので人々が使える金は限られている。だが金利が安いので、人々が家のローンを借り換えて、浮いた分を消費に回している。このためアメリカの消費が増えている」

アメリカのＧＤＰは年間十一兆ドル、一千百兆円に達しているが、そのうち個人の住宅関連消費は、六百兆円である。その住宅関連消費の主要部分は、モーゲージと呼ばれる長期借り入れだ。日本でいう住宅ローンである。

アメリカの公定歩合は二〇〇四年三月現在で一パーセントと、アメリカの歴史をみても異常な低さになっている。公定歩合に比例してモーゲージの利率も四パーセントとこれまでになく低くなっている。

モーゲージの利率はこれまで平均して八パーセント程度だったから、人々は契約を書き換え、利率の差を収入にしているのである。これが消費にまわっている。このため輸入が増え、二〇〇三年の貿易赤字は、史上最大、五千億ドル近くに跳ね上がった。その結果がドル安となっている。

何とも奇妙な現象である。アメリカは貿易赤字が増え、ドル安になっているにもかかわらず消費は増え、アメリカの経済とアメリカは拡大しつづけている。まさに常識の逆立ちで、日本の評論家たちにとっては想像もできないことに違いない。

アメリカ経済はデータを見るかぎり良いとはいえない。貿易赤字は五千億ドルに達し、アメリカGDPの四パーセントを越えている。アメリカは恒常的な貿易赤字国であり、普通の国であれば破産してもおかしくはない。

なぜアメリカには貿易赤字が多く、しかも常識的にみて破産状態になっているのか。その最大の理由は、アメリカのモノ作りが衰退しているからである。

二十年ほど前、アメリカのモノ作りの人口は、四千五百万人だったという。しかしアメリカ労働省の調査によれば、西暦二〇〇〇年にはその半分以下、一千四百万人に減ってしまっている。あと数年の内にさらに六百万人減少し、八百万人になってしまうと予想されている。

この労働省の数字はアメリカの産業の中心が、今後ますます研究開発やサービスにシフトしていくことを明確に示している。アメリカは金融とハイテク開発、そして軍事産業の国になり、モノを作る製造業は衰退していく。

アメリカ国民が自分では作らず、盛大に輸入しては消費しているため膨大な貿易赤字を発生させ、その結果ドルが安くなりつづけている。いまや一ドルが九十円、八ユーロになろうとしているが、これは常識的に言えば、ドルに対する失望と不信を意味しているはずである。

ところがアメリカ国内でも世界でも、ドルそのものに対する不信感は起きていない。少なくとも表面化してはいない。これはどういうことなのか。むしろ逆に世界の人々は、交換レートの上では高くなりつづけている円やユーロよりも、安くなりつづけているドルを信用しているように見える。

例えば中東の人々は依然としてドルに対する信頼を失っていない。失っていないどころか、信用しているのはドルだけのようである。その証拠はサダム・フセインがかき集めたアメリカのドルの多さだ。

サダム・フセインは、十をこえる宮殿の地下にアメリカのドルをためつづけた。総額にすると一兆ドル近くもあったという。バグダッドのイラク中央銀行にためこんでいたのもアメリカのドルだけで、日本円もユーロもなかったという。

二〇〇三年五月にイラクでの戦闘が終結したあと、イラク軍のトラックが国境を越えてシリアに逃げ込もうとして捕まったが、トラックにつまれていたのは膨大な量のグリーンパック、アメリカの百ドル紙幣だった。

二〇〇三年十二月十三日、サダム・フセインが地下壕で捕まったが、隠れ住んでいた家にあったのはトランク一杯の百ドル紙幣だったという。サダム・フセインだけではない。犯罪者たちもドルだけを信用している。

何年か前、日本から怪しげな財団のメッセンジャーがワシントンにやってきたことがある。噂によると、その財団の指導者がホワイトハウスと関係を持つための賄賂《わいろ》を持ってやってきたのだという。

「その財団のメッセンジャーは大きな鞄に一杯、アメリカのドルを詰め込んできた。今ならば空港のチェックで、取り上げられてしまったはずだ」

私の友人のロビイストがこう言っていたが、同じようなことは、日本のやくざやイタリアのマフィア達が、アメリカ中の空港でくり返してきた事である。国境を越えて悪事をはたらく犯罪者たちにとって、信用できるのはアメリカのドルだけなのである。

逆に言えば、アメリカのドルだけが金やダイヤモンドと同じ信用を犯罪者たちから得ていることになる。これは必ずしも、アメリカにとって名誉なこととは言えないかもしれないが、とにかく世界中で通用するのがドル札であるという事実にかわりはない。友人の全米商工会議所の首脳がこう言ったことがある。

「サウジアラビアの王族達もドルしか信用していない。シリアのアサド大統領も取引といえばドルを指定してくる。クウェートのビジネスマンもユーロはいやがる」

フランスのシラク大統領はユーロを基軸通貨としようとしており、石油を買う際にユーロを使おうとしている。このシラク大統領の試みは、ユーロがドルに対して高くなっているので、中東の人々がユーロを信用し始めているという噂があるからだ。

たしかに交換レートを見るかぎりは、日本円とユーロの方がドルよりも価値がありそうだ。だが中東の指導者達は日本円にもユーロにもまったく関心がない。このことは通貨の本質をはっきりと示している。たとえ交換レートが下がろうと、ドルの根本的な信用が保たれているのは、ドルがアメリカの力に裏付けされているからだ。

アメリカは核兵器を持ち、強力な軍事力を有している。卓抜した政治指導力を持っており、国連やEUなど問題にもしていない。とにかくアメリカの指導者は、強い指導力がなければやっていけない仕組みになっている。

アメリカの大統領に比べれば、フランスのシラク大統領やドイツのシュローダー首相、さらには日本の小泉首相などはモノの数ではない。このことを世界中の国が知っているから、ドルに対する信認が強いのである。

2　アメリカの借金は七五〇〇兆円になる

いま世界では、きわめて奇妙なことが起きている。アメリカ経済が強くなり急速に拡大している一方で、アメリカの借金が増えている。奇妙だというのはアメリカ経済が強くなればなるほどアメリカの借金は増大し、財政的には弱くなっていることである。

アメリカ経済は二〇〇二年、四パーセント拡大した。二〇〇三年には八パーセント、そして二〇〇四年には、四パーセント拡大するとみられている。ところがアメリカの貿易赤字は二〇〇三年に史上最高となり、二〇〇四年には一年間で五千億ドルを超すとみられる。こうした貿易赤字よりさらに懸念されるのが、財政赤字である。同じように二〇〇四年には五千億ドルを超す見通しだ。両方あわせれば何と一兆ドルである。アメリカ人は貯金をしないから、この借金は外国から借りなければならない。

ここでアメリカ経済について少し見てみよう。二〇〇三年の夏以降、アメリカ経済は回復に向かい、経済が大きくなっている。エバンズ商務長官が私とのインタビューでこう言った。

「二〇〇三年の夏が勝負だと我々は考えていた。二〇〇三年の夏から経済が拡大に向かえば、本格的な回復が始まり、アメリカ経済が大きくなると思っていた」

その通りになった。二〇〇三年のアメリカ経済は実に八パーセント以上も拡大したのである。アメリカのGDPは十一兆ドルだから、八パーセントとして九千億ドル拡大したことになる。

アメリカ経済はいっきょに、日本経済の二十五パーセントも拡大し、世界経済を拡大したのであった。それに関連して中国経済も拡大したため、二〇〇〇年から心配されていた世界的なデフレの危機が去り、経済拡大へと動き始めた。

二〇〇三年から四年にかけては、世界の経済史の中で、アメリカと中国の経済を中心に世界経済が劇的に拡大した時期だといえる。

アメリカ経済の拡大はイラク戦争のおかげである。ブッシュ大統領がイラクとの戦争に踏みきり、短期間にサダム・フセインを叩きつぶした結果、世界のアメリカに対する信頼が高まり、アメリカ企業とアメリカの人々も自信を取り戻した。アメリカの強さが証明されたことが経済拡大をもたらしたのである。

アメリカはブッシュ大統領の指導力の下に強くなり、大きくなった。経済だけではなく、軍事的にも政治的にも劇的な変化をとげたといえる。

ところが劇的に強く大きくなったアメリカは、貿易赤字が拡大した。二〇〇三年十二月の貿易赤字はこれまでになく増え、二〇〇三年全体では、歴史上最悪ともいえる五千億ドルの貿易赤字を出した。

アメリカは強くなればなるほど、大きくなればなるほど貿易赤字が拡大し財政赤字が増える。アメリカは世界のリーダーとして、これからも拡大をつづけるとすれば、貿易赤字と財政赤字も増えつづける。記録を更新していくにちがいない。

これからベトナム戦争の頃に生まれたアメリカの団塊の世代が引退し、年金や老人医療保険を受けるようになれば、その赤字は恐るべき数字になるだろう。ハドソン研究所の学者達は、このまま社会保障年金や医療保険の支払いが増えていけば、あっという間にアメリカの財政赤字は、七十五兆ドルに膨らんでしまうと計算している。

七十五兆ドルといえば一ドルを百円で計算しても、七千五百兆円という、天文学的な数字になる。アメリカ人は貯金をしないから、この全てを外国から借り入れなければならない。アメリカはこれから拡大すればするほど借金が増え、財政事情から言えばブラジルやアルゼンチンとまったく同じになる。

これは我々日本人の常識とは真っ向から対立する。日本人は経済中心に考えているから、経済が強くなり、企業の生産性が伸び国が大きくなれば、財政的に安定し、通貨が強くなると思っている。しかし実際にはそうではない。

アメリカは軍事力を強化し、政治的にも卓抜した指導力でもって世界を動かしているために、貿易赤字と財政赤字が急速に増え、借金をしなければやっていけなくなっている。

その結果、ドルが円やマルクに対して弱くなっている。つまり現実では、日本人の常識が通じないのだ。

日本の常識に従えば、国が安定し企業が強くなれば、通貨も強くなるはずである。いま日本円は強くなりつづけている。日本の企業の生産性が伸び、貿易が拡大して貿易黒字が増えているからだ。これは常識の通りである。

ところが経済力が強くなっているのに、アメリカとちがって日本国内の消費は増えない。これは日本の社会が拡大せず、むしろ縮小しているからである。消費が増えないから出来た製品を外国に売らなければならない。自動車やコンピューター、プラズマテレビをどんどん輸出しドルを手にする。このドルが多すぎるため日本円が強くなっている。

日本円が強くなるというのは、国内でモノが売れず外国に売るためで、その対価として受け取るドルが安くなることを意味している。簡単に言えば、日本の国が大きくならず小さいために日本円が強い。要するに通貨の強さは国家の強さと直接結びついているわけではない。

アメリカは国が大きくなりつづけている。年間百万人の移民がやって来るうえに、三百万人の子供たちが誕生し人口が増えつづけている。しかも世界中に戦争を仕かけて影響力を強めている。

ところがアメリカ人はモノ作りを好まず、国が大きくなり人が増えた分だけ輸入をしなければならない。輸入品にはドルをせっせと印刷して払う。このためドルは弱くなるが、国は強いという現実が生まれる。

ＥＵにも同じことが起きている。ＥＵの加盟国は増えているが、高齢化・少子化が進んでいる。ドイツも日本と同じように国が小さくなっている。ドイツというエンジンが小さくなっているＥＵは全体として縮小している。

しかしモノ作りに優れているＥＵは日本と同じように企業が生産性を高めつづけ、輸出に全力をあげている。日本と同じ事情である。ＥＵが大きくならないため、企業は作ったものを輸出しなければならず、ここでもドルが弱くなる分だけ逆にユーロが強くなっている。

経済専門家は、通貨の強さは国の力を象徴しており、生産性を表していると言う。このため通貨の強いことは歓迎すべきだと考えているが、日本とユーロの通貨が強いのは、国と社会が小さくなっているからなのである。逆にアメリカのドルが安くなっているのは、国が強くなり、社会や人口が拡大しているからである。

世界の人々は、ドルがいくら安くなっても喜んで受け取っている。日本の怪しげな財団やヤクザがドルを喜び、サダム・フセインがドルをためこんだのは、アメリカが永遠であると信じ込んでいるからに違いない。経済専門家や日本の評論家の理論をこえた現実が世界を動かしているのである。

もう一つ本質的なことではないが、ユーロが強くなっている別の理由がある。

「ユーロの値段が上がっているのは日本人が買っているからだ。日本人がドルを売ってユーロを買うためドルの値段が下がり、ユーロが上がっている」

アメリカ財務省の日本担当者が私にこう言ったが、日本の企業はブッシュ大統領の対イラク戦争に反対する世論におもねっているのか、あるいはまた一人勝ちのアメリカに反感をもっているのか、ドルを売りユーロを買っている。

日本の企業や国は、八千億ドルのアメリカの国債や現金を持っている。ユーロの値上がりで得をするよりも、ドルを売ることで損をするほうが大きいと思われるのに、ユーロを買って自分達の首をしめているというわけである。

このことは、現在起きているドル安とは、本質的には関係がないかもしれない。だが日本人がユーロを買い、中国が金を買っていれば、ドルは一段と安くなる。その場合には、ドルの債券を大量に持っている日本企業は、ますます損をすることになる。

ドルの値段というのは一体何なのか、さらにはアメリカ以外の人々にとってどういう意味を持っているのか、考え直す必要がありそうだ。

アメリカは軍事的にも経済的にも強くなりつづける。しかし借金体質が変わらないかぎり、あっという間に対外的な借金が一千兆円をこしてしまう。これから五十年経てば、かるく七千五百兆円になる。

くり返すが、アメリカは現在GDPが十一兆ドル、一ドル百円と計算して一千百兆円になる。アメリカが借金を返すためには、経済力を十倍にしなければならないわけである。ところがそうするためには、またもや借金をしなければならないのである。

ドルはいったい誰が受け取りつづけるのか。世界の人がアメリカを信用してドルを受け取るかぎり、ドルは安くなりつづける。

3 アメリカはドルの交換レートが下がっても困らない

ドルが安くなってアメリカの人々が不満に思うのは、ヨーロッパへ行ってブランド物の洋服を買ったり、有名なレストランで食事をしようとするときだ。ユーロが高くなっているだけでなく、ヨーロッパではホテルの宿泊費がこのところ急速に高くなっている。

パリのモンターニュ通りに、真紅の日よけが目をひくホテル・プラザ・アテネがある。もう何十年も前に友人に紹介され、古典的で瀟洒《しょうしゃ》なところが気に入って、パリに行くと泊まるようになった。ここはエッフェル塔をのぞむ部屋も、ツタのからむ壁と中庭を見下ろす部屋のどちらも素晴らしい。

ところが久しぶりに出かけて、数年前には一泊四万円だった部屋が、いまでは十万円もするのを知って驚いた。ドルで泊まれば千ドルということになる。ミシュランの三つ星レストランでワインをとって夕食を食べれば、二人で五百ドルはとんでしまう。

強いドルに慣れてきたアメリカ人にとっては、耐えられないことだ。

このため「ニューヨーク・タイムズ」のウィークエンドの旅行欄は、安くて気のきいたホテルやレストランの案内が満載されているが、どう工夫して回ってみたところでヨーロッパに行けば、アメリカ国内で泊まったり食事をしたりするよりも費用がかかる。

これまで人々は、自国の通貨が安くなれば外国へ行った時にその力のなさを痛感し嘆かなければならなかったが、同時に国内ではインフレを心配しなくてはならなかった。日本人も第二次大戦が終わったあと一ドル三百六十円の時代には、インフレの脅威におののきながら暮らしていたものである。

今アメリカで起きていることは、三十年前の日本と逆で一ドルが百円、ということは、実に四分の一近くもドルの力が落ちたことになる。これは簡単に言えば交換レートが四分の一になるとともに、ドルの購買力も四分の一になった。

ところがアメリカ国内ではドルが安くなったにもかかわらず、第二次大戦後に世界を襲ったような通貨安によるインフレの脅威は感じられない。ただ石油の場合は一九七一年ごろ一ガロン、つまり三・七リットルで二十五セントだったものが確実に四倍以上になった。品質にもよるが二〇〇四年三月現在で、一ガロンが一ドル三十セントから一ドル五十セントしている。石油はドルの円に対する交換レートと同じ歩調で値上がりしているのである。だが食料品や衣料品、家庭用品、車などにインフレ的な値上がりはまったく見られない。このためドルの円とユーロに対する交換レートの低下は、国民の間に何の危機感ももたらしていない。一体その理由はどこにあるのか。なぜドル安はアメリカ人の生活を脅かしていないのか。

「これ以上ドルが安くなれば影響が出てくるかもしれない。だが今のところドル安によるインフレの危機、あるいは人々の危機感の高まりといったものは見られない」

ウォール街のアナリストがこう言っているが、アメリカの通貨が安くなってもインフレが起きないのは、アメリカ経済における貿易の比率、はっきり言えば、海外からうける影響が限られているからだろう。

アメリカは一九七〇年代までは石油を輸入せず、食料をはじめあらゆるものをほとんどアメリカ国内で作ってきた。自動車もアメリカ製を使ってきた。そのモノ作りが後退し、輸入が増大しているといっても、輸出入がアメリカ経済全体をしめる割合はいまのところ十パーセントである。

現在アメリカの国内総生産は十一兆ドルであるが、そのうち輸出入に関わる部分は百兆円なのである。もっともこのデータはウォール街のもので、やや古いかもしれないが、アメリカ経済の十パーセントが貿易がらみの、海外の経済活動に関係しているに過ぎないと考えてよい。

この事実が、通貨安に影響されるインフレや経済危機感のなさにつながっている。アメリカの人々は、ドルが安くなっても、食べ物の値段が高くなる心配をする必要がない。土地の値段が上がることも心配しなくてよい。

食料についていえば、通貨が安くなっても土地の値段にほとんど影響しない。農民の生活にも関わりはない。肥料や農業に関する製品はほとんどが国内製であり、通貨安によって農業の経費が高くなることもない。

通貨安になっても土地の値段が上がらないということは、住宅の値段も通貨安によって左右されることがないことを示している。アメリカの土地や住宅の値段は安定しており、人口の増加が著しい都市をのぞけば、二十年で二倍ないし三倍といった程度である。土地がふんだんにあり、インフレの懸念があるにしては、人々は土地の投機には関心がないからである。

製品についていえば、中国からモノが入りつづけているので不足することは全くない。アメリカの通貨が値下りする以上の速度で、中国製の衣料や靴などの日常品が値を下げている。

「中国製品が安いために、アメリカではインフレが起きていない。中国の人民元を切り上げて、アメリカから中国への輸出を増やしたいとは思っているが、人民元の切り上げでアメリカ国内の製品が高くなっても困る」

アメリカのスノー財務長官が、インタビューの後オフレコでポロリとこんなことをもらしたが、アメリカのインフレは中国からの安い製品のおかげで抑えられている。アメリカの輸入業者は、安い製品が手に入るところを探して世界中を走りまわっており、いまでは中国よりも安いアフリカやインド、パキスタンからの衣料品や靴が多く見られるようになっている。

世界中からアメリカに輸入される製品が、ドル安を追いこす勢いで値段を下げており、アメリカによる世界経済の拡大そのものが、インフレを抑えていると言っても言いすぎではない状況になっている。

もう一つ注目すべきは、アメリカの技術開発と急速な生産性の拡大だ。「アメリカン・インジェニュイティ」というのは、アメリカ人の発明、開発の才能といったものをさす言葉だが、このアメリカン・インジェニュイティは、製造業が後退するなかで、依然として健在である。

二〇〇三年の暮れ、全米商工会議所のトム・ドナヒュー会長とアメリカの景気回復の原因について話し合ったことがある。このとき商工会議所は、景気の回復が確実になったせいか、全体的にゆったりとした雰囲気だった。

トム・ドナヒュー会長は、アメリカの景気の回復はアメリカン・インジェニュイティにあると指摘した。アメリカの企業が新しい技術を開発しつづけたために、デフレ状態から逃れ、アメリカ経済が拡大を始めたと、トム・ドナヒュー会長が心から思っていることがうかがえた。

「我々は政治の力ではなく、自分達の力で景気を回復した。私はアメリカの企業の能力を信じている」

アメリカン・インジェニュイティのおかげで、人類はより早く、より遠くへ移動することが可能になった。アメリカ人は駅馬車の仕組みを作り、そこから蒸気機関車へ、さらにスピードを上げて、自動車、飛行機を作った。蒸気機関から内燃機関へ、そしてジェットエンジンへと、技術の革新を続けたが、そのエネルギーが安いモノを大量にアメリカの人々にもたらし、アメリカを豊かにしつづけている。

アメリカのドルの力が落ちたからといって、アメリカ人のインジェニュイティが傷つくわけではない。むしろ技術開発をつづけた結果、生産性が急速に高まり、物価が安くなりつづけているのである。

自動車の大量生産から始まったアメリカの経済体制は、ドル安をのりこえて、常に安いモノを作りつづけ、生活を豊かにしている。ドルの交換レートが安くなってもアメリカがインフレにならないもっとも大きな理由は、「アメリカン・インジェニュイティ」のおかげであるということができる。

おまけにアメリカには広大な土地がある。中国やカナダやロシアと比べれば、物理的にはアメリカの土地は小さい。だが国土のほとんどが豊かな水と太陽にめぐまれ、年間を通じて温暖な気候に恵まれている。経済価値から見れば中国やカナダ、ロシアなどとは比べものにならない。

エネルギー源の石油を物理的には輸入しなくてはならず、ドル安の悪影響を受けるのは確かだが、すでに述べたように石油の技術は全てアメリカのものである。石油の値段が上がってもドル安になっても、世界の石油はアメリカのものだ。

このようにアメリカは、経済の殆どを依然として国内経済に頼っていること、豊かな土地をもっていること、石油技術をにぎっていること、さらに加えて「アメリカン・インジエニュイティ」が健在であることから、通貨安になってもインフレの心配をする必要がないのである。

4 ドルはどこまで安くなるか

アメリカのドルについて論じる時、多くの人々がいだく関心は「ドルはどこまで安くなるか」ということである。日本のある大企業の経営者がつい先日私にこう言った。

「一ドル百円というのが経済的な限界です。それ以上安くなるとすると、とてもやっていけない。日本経済が壊滅してしまう」

一ドル百円というのは多くの企業の考えている限界のようである。私の知っている化学産業、自動車企業、弱電関係などの経営者たちも、きわめて漠然とではあるが一ドル百円というのがドル安の限界だと考えているようだ。

アメリカの専門家や財界の人々に聞くと、「ドルの最低限」といったような話題はあまり出てこないが、製造業はドルの交換レートにやかましい。全米製造業協会、あるいはホワイトハウスの経済補佐官などは、ドルの価格について話題にすることが時にはある。だがそうした時も、一ドル百円が限界だという言い方ではなく「ドルが安くなればアメリカの輸出がのびるから具合が良い」といった程度のことである。これはアメリカの企業や政府が、輸出入の問題を死活に関わる深刻なものとしては受け取っていないからだと私には思われる。

二〇〇四年三月現在の「一ドル百五円、そして百円が限度」というのは、金融関係者が盛んに言っていることで、製造業の関係者が必死に主張していることではない。

すでに述べたようにブッシュ大統領は依然として「ドルが安いとは思わない」と、あたりさわりのないことを言いつづけている。アメリカ政府や産業界が経済的な限界からドルの値段を決めているとは私には思えない。

その証拠に、アメリカ政府はドル安が輸出のために望ましいと考えたとしても、ドル売りなどの介入によってドル安をおし進めるようなことはしない。アメリカ政府は通貨介入のための予算を持っていないし、介入によって通貨の値段を決めることは、非道徳的ですらあると考えている。

もっとも介入を非道徳的だと考えている割には、政治的に交換レートを決めるのは構わないと考えているようである。つまりアメリカの政治力を使って、ドルの交換レートをアメリカの望ましいレベルにすることは差し支えないというのがアメリカ政府のこれまでの考え方だ。

つまり、資金を使って値段を決める介入は不道徳だが、金本位制がなくなった今、それにかわる政治の力で、ドルの交換レートを決めることには躊躇《ちゅうちょ》していない。

このような態度は、まず金本位制を止めてブレトンウッズ協定を実質的に無くしてしまったニクソン大統領にもみることができる。その次はプラザ協定であり、円高を政治的に決めた。そして今度は、ブッシュ大統領の「現在のドルのレベルは政治的に認められる」という発言である。

つまりこれまでも強い指導力を持ったアメリカの大統領は、政治的にドルの値段を決めてきた。ニクソン大統領は一ドル三六〇円という交換率をいっきょに二十パーセントも下げた。レーガン大統領はプラザ協定で実に一ドル七十九円という瞬間的ではあるが驚くべきドル安を政治的に決めた。

今ブッシュ大統領は一ドル百円という政治レートを考えているようである。すでに述べたようにこうしたドルの値段はアメリカの経済の状況によって自然に決まるのではない。アメリカの大統領が政治的に決める。しかも政治指導力のある強い大統領が決めるのである。

市場がドルの値段を決めるのであれば、アメリカが大きくなり、輸入が増えて世界的にドルあまりが生じ、ドルの値段はじわじわと安くなる。ところが現実にはアメリカ政府の指導者達は、市場にドル安を決めさせようとは思っていない。これまでも強い大統領がずばりと決めてきたのだから。

日本の金融関係者などは、通貨の交換レートは市場が決めるという幻想に陥っている。確かに現在の大きな世界経済のなかで、モノの値段は市場が決めることが多い。だが通貨の現実はそうではない。ドルはアメリカ政府の政治指導力の表現そのものである。軍事力と大統領の指導力、そしてアメリカ全体の力によって決めることができるのである。

ニクソン大統領による金本位制の廃止、プラザ協定、そして現在のブッシュ政権のドルに対する姿勢は、アメリカのドルが政治そのものであることを、はっきりと示している。

ドルの値段は自動車やコンピューターの値段とは違う。政府がどうにでもできる。その裏にあるのは軍事力であり、大統領の指導力である。日本の経済人たちはこうした現実がわからないために、通貨の値段は市場が決めるという幻想から抜けだすことができない。確かに短期的な、その日その日の値段は市場が決める。だが大枠は政治が決めるのである。

アメリカ政府の関係者はプラザ協定で、一ドル七十九円という価格を政治的な権力によって決定したという事実があるため、今のところドルの値段の変動はさして懸念していない。「ドルがいくらになったから、経済危機がやって来る」などとは思わないのである。

アメリカには、卓抜した指導力を持った大統領が政治的にドルの値段を決めることが出来るという自信と実績があるため、ドルの値段についての不安がないのであろう。

アメリカ政府の担当者はこれまで一度も、ドルが幾らになるかという不安をもらしたことがない。経済の実勢、市場の原理が存在するのは確かで、ウォール街の分析家達は、一ドル九十円、八ユーロなどと勝手に予測しているが、私の知るかぎりブッシュ政権の首脳はそういった予測など目もくれない。

それでは一ドルいくらというのが限界になるのだろうか。ユーロについてはウォール街の専門家は一ユーロが八十セントなった場合に、ECB（ヨーロッパ中央銀行）が、いやいやながら介入するだろうと見ている。一ユーロ八十セントが当面の経済的な限界と考えているようだが、ヨーロッパの国々もアメリカと同じで、政府が物理的に介入するのは非道徳的であり、犯罪的であると思っている。

「だが一ユーロ八十セント以下ということになると、企業が成り立たなくなる。ECBも背に腹はかえられないだろう」

ウォール街のアナリストはこう言っている。日本では原理原則もなく、官僚たちの判断によって介入が行われるため、交換レートの予測もいい加減になっているが、ウォール街は一ドル九十円程度が限界だと言い始めている。

プラザ協定の際に一ドル七十九円という交換レートまで行ったことがあるため、八十円までは可能ではないかという声もあるが、アメリカ政府はこうした交換レートを、政治的に決定しようとしており、経済条件よりも日本との政治的関係が重要だと考えている。

「一ドル百円以下ではやっていけない」と日本の経営者が言うのは、アメリカに輸出をしても、一ドルで百円以下を日本に持ち帰っただけでは経営が成り立たないと考えているからである。だがアメリカ政府がそれでも構わないと政治的に決定すれば簡単に一ドル百円以下という状況が起きる。

プラザ協定は、そのケースだったが、ドルが一定以上安くなれば日本の企業が日本国内でやっていけなくなり、日本経済の破綻につながってくる。冷酷な言い方になるが、アメリカ政府が日本という国をどう扱おうとしているかによって、ドルの円に対する交換レートが決まるのであり、ユーロについても同様である。

ドルの交換レートは短期的には市場が決める。自動車やコンピューターの値段と同じだということもできる。だが基本のところではまったく違っている。アメリカ政府が日本政府や日本経済を崩壊させてもよいと考えれば、円に対するドルの交換レートをいくらでも安くすることができる。

現実問題として日本経済を破壊し、日本政府を崩壊させたりすれば、国際社会に大きな変動と混乱が起きる。アメリカとしてもそのようなことは出来ない。適当なところで交換レートを決めておく必要があるが、決めるのはアメリカ政府の力であり、政治である。このところを我々は直視する必要がある。

冷戦の時代アメリカは、ソビエトと対抗するため日米安保条約を作り、日本政府を保護した。それはそのままアメリカが日本の経済力を必要としたことを意味している。だが冷戦が終って日本とアメリカはまったく対等で他人の関係になった。世界を平穏にしておこうというアメリカの指導者の立場に目をつぶれば、アメリカ政府の指導者にはどんなことも可能なのである。

はっきり言えば、ドルに依存している日本は、アメリカの指導者の政治的恩恵によって生きている。日米安保条約とそして冷戦の時代を、安閑と過ごしてきた日本と日本人は、こうした国際社会の冷酷な環境と国家関係をまったく知らないで来たのである。

だが時代は変わってしまった。円の値段、円ドルの交換レートは紛れもなく政治である。兵器を使わない戦争と言ってもよい。我々は交換レートについて、真剣に考え直さなければならない時に来ている。

5　アメリカは日本円のアジア通貨化を許さない

ワシントンの政策通の話を総合すると、アメリカは日本円がドルの影響下から独立することを恐れ、円を中心とするアジア通貨が出来ることに強く反対している。

しかし日本円のドルに対する交換レートが円高になりつづけている中で、日本の商社の中には、円を中心にしたアジア通貨を作って対抗すべきだと言う意見が出ている。

「ドルに対抗するために、ヨーロッパがユーロを作ったようにアジア共通通貨を作らなければならない」

こういう意見があるが、その背後には円高がこれ以上進めば、日本経済が立ちゆかなくなるという財界の懸念がある。二〇〇四年の初め、帝国ホテルで日本の財界の指導者と話し合う機会があった。このとき私はこう聞いてみた。

「一ドル百円という話があるが、ウォール街では九十円という声も出始めている。一ドル九十円では日本の中小企業なども含めてとてもやっていけないのではないか。一体どうするつもりなのか」

財界の指導者達は顔を見合わせていたが、言わんとしているのが次のようなことであるのは分った。

「一ドル百円を切るような事態になれば、日本の企業も中小企業も日本国内ではやっていけない。とくに中小企業は、海外に出て行く以外方法はない。そうしない場合、つまり日本企業が国内に残るためには、日本円をドルから独立させて、アジア通貨とでも呼ぶべき地域共同通貨を作らなければならない」

同席していた通産省のOBも「アジア版ユーロというものでも作らない限り、対抗できない」と言ったが、アジア共通通貨については、一九九六年アジアの金融危機の際に宮沢首相が提案したことがある。日本円をベースとしてアジアに共通通貨をつくるといったことを漠然とではあったが何かの機会に述べた。

ところがこの動きにアメリカが直ちに猛然と反発し、宮沢首相が具体的に動き出す前にアジア通貨という構想はつぶされてしまった。いまのところアジア版ユーロ、つまりアジア共通通貨は、具体的なプランすらない。

アジア版ユーロができるとすれば、日本円と中国人民元、それに韓国、台湾、マレーシア、インドネシアなどを加え、それにベトナム、タイ、フィリピンまで含めたものになると思われるが、アメリカ政府はそういったアジア版ユーロを認めるつもりはまったくない。

この問題については非公式にしろ、公式にしろアメリカ政府部内で話し合われた形跡はない。しかしながら少し考えてみただけでも明らかだ。もし日本円と中国人民元が中心になって、「アジアン・マネー」などというものが出来たら、アメリカは大打撃を受ける。

アメリカ人はもともと貯蓄が嫌いであり、新しい企業の設備資金や投資のための資金は、アジアの人々が貯めた資金をあてにしている。

すでに述べたようにアメリカが拡大していけば、アジアからの輸入がより多く必要になる。アジアの国々に支払われたドルはアメリカに還流されなければならない。日本、中国、東南アジアの国々がそれぞれにアメリカの債券を買い、その結果、資金がアメリカに還流する。この仕組みが壊れたりしたら、アメリカにとって死活問題である。

日本、中国、東南アジアの国々がアジアン・マネーを作れば、アジアで独自の金融市場を形成して、アジアの国々に投資を行うようになる。そして独自の技術開発を始めることになれば、アメリカは大きな打撃を受ける。

日本、中国、東南アジアがアメリカの経済から独立して新しい金融市場を作り、独自のアジア経済圏を作るための投資を始めたりすれば、アメリカは徹底的に戦うであろう。

その戦いをアメリカとやる意図を持つ国があるとすれば、それは中国に違いない。日本は日米安保条約によって完全に骨抜きになっており、アメリカが政治的に反対の意思を表明すれば、日本の政治家や経済人はアメリカに服従してしまうであろう。

いまのところアメリカの指導者は、日本が日本円をドルから独立させようなどと考えるはずがないと思っている。アメリカ政府の首脳はこの問題についての対応策を公式にも非公式に立てていない。

だが中国の事情は少し違っている。中国は広大な国土と市場を持っている。そのうえ、経済力が強くなるとともに、東南アジアの国々をまき込んだ体制を作りつつある。中国が東南アジアから資源を買い、労働力を取り入れているのは、人民元の影響力を東南アジアの国々に及ぼそうとしているからだ。

中国政府は中国人民元をアメリカから独立させることを考えているはずである。中国の通貨を基本にした東南アジア経済圏の確立を考えていてもおかしくはない。そうなった場合、日本と中国の経済共同体が出現し、ユーロのアジア版ができたとしても不思議ではない。

日本には単純に、アメリカの支配に反発する人々が大勢いる。アメリカがイラク戦争をしかけたのが気に入らないと、アメリカの債券を売ってユーロを買おうという人がいるぐらいだから、中国との同盟体制に賛成する人もたくさん出てくるだろう。

しかしここでもアメリカが真っ向から反対する。日本、中国、東南アジアの経済体制はアメリカの経済の安定と拡大を阻害するものであると考え、直接的、間接的に圧力をかけてくる。

こうしたアメリカの動きを、日本の人々はあまりにも安易に考えている。日本人がのんきに考えているのは、冷戦の時代にアメリカが、日本の経済力を期待するあまり、日本人と日本政府を甘やかしたからだ。

日本人は五十年にわたる日米安保の時代というものが、国際政治の中でどのような意味を持っていたのか、アメリカが日本を甘やかした理由は何か、真剣に考えたことがない。日本の進歩的な国際学者やジャーナリストは、そういったアメリカの日本に対する態度は当たり前だと思っている。

ところが世界は大きく変った。冷戦が終りアメリカ軍は大軍でもって作戦行動をする必要がなくなりつつある。その結果、日米安保条約の考えている同盟体制がアメリカにとって不要になってきている。

日本はアメリカ経済の役に立つ。日本人は貯蓄し、優れたモノを作り、体制に対しては忠誠心が強い。そうした日本をアメリカは、日米安保条約という体制のもとで出来るかぎり大切に取り扱ってきた。

だが二十一世紀新しい国際情勢のもと、日本とアメリカの関係は大きく変りつつある。日本人はそのことに気がついていない。アメリカの真の意図を探らないという日本人の人の良さ裏目に出て、日本人は五十年の歳月の間に全ての現実感覚をなくしてしまった。

現実問題として日本が中国と手を結び、東南アジアの国々を率いてウォール街から独立した金融市場と経済体制を作れば、アメリカの体制に対する明らかな反逆になる。アメリカと真っ向から対立することになる。そうなった場合アメリカは、日本と中国を敵とみなして徹底的に戦うに違いない。

独立した日本円やアジア通貨などといった金融体制は、核よりも恐ろしい巨大な力を持った兵器であるとブッシュ政権の指導者は考えている。アメリカは日本に対して核装備をさせない、自衛隊以上の戦力を持たせないことにしている。それにもましてはっきり、日本円はドルの補助通貨でなくてはならないと決めている。

アメリカは日本が中国と協力して独自の金融圏や経済体制を作ることなど許すつもりはない。こうしたことが公式にも非公式にも論じられたり記録に残されていないのは、考えてもいないからである。考える以前の問題なのだ。

こう述べてくると、ユーロの場合は一体何だという反論が出てくるだろう。無論ユーロに対する反感はアメリカ、特にブッシュ政権には強い。だがブッシュ政権の首脳たちは、ユーロの国々はすでに盛りを過ぎ老朽化した国々だと思っている。

「フランスはすでに老いた。ドイツの若者は国家について考えなくなっている。ドイツ人の平和運動は国家を壊してしまった」

ラムズフェルド国防長官が国防長官に就任する前、こういった意味のことをシカゴの事務所で私に言ったことがある。

ブッシュ政権の首脳たちはドイツもフランスもユーロもこわがってはいない。フランスやドイツがアメリカに対して弓を引き、ユーロをアメリカから独立させたとき、アメリカは中東の石油を遠慮会釈もなくヨーロッパから奪った。

「ブッシュ大統領のサダム・フセインに対する戦いは中東からヨーロッパを追い出すためのものだった。そして成功した」

ハドソン研究所の友人が私にこう言っているが、いまやブッシュ政権の首脳はＮＡＴＯそのものをも変えようとしている。東欧の国々と協力して新しいヨーロッパの安全保障を考えているのである。

ブッシュ政権の首脳は、ＥＵやユーロの経済圏というのはアメリカの脅威にはならないと考えている。独立した経済圏として活動したとしても、アメリカの妨げにはならないと思っている。

だが日本や東南アジアの独立した経済圏は、アメリカの利害を犯すものであり、ゆくゆくはアメリカに敵対するものになると考えている。ユーロとはまったく違って、その将来性を考えれば、アジア通貨など絶対に許すことはできないとアメリカは思っている。

第五章

誰がジョージ・ブッシュをホワイトハウスに入れたのか

ワシントンのイタリアン・レストランで、経済学博士でもと商務次官補、ハドソン研究所のワシントン所長でもあった友人がこう言った。

「アメリカ人がブッシュ大統領を憎むのは、彼がインテリジェンスを持っていることを示すような言葉で話をしないうえ、そうした言葉を使ったときも正しく発音できないからだ。彼は親の力で良い学校に入り、親の影響力で商売に成功した。ジョージ・ブッシュが大統領になったのは間違いだと思っているアメリカ人は大勢いる」

だがブッシュ大統領は二〇〇〇年の選挙で、インテリジェンスを示す言葉に富むゴア副大統領に勝ち、ホワイトハウスに入った。

1 ブッシュ家・石油王国は中東で生まれた

イラクとの戦争に勝ち、アメリカはOPECにまして石油の値段を決める力を持つようになった。これまで世界の石油の値段を決め、供給量を決めるのは中東の国を中心とするOPEC諸国であった。だがイラクを占領し、手中に収めることによってブッシュ政権は、OPECを上回る強い力を持つことになった。世界の石油は事実上アメリカのものとなった。アメリカが石油の供給量と値段を決める力を持った結果、世界の石油情勢が大きく変わった。

ブッシュ政権は、世界の一大石油政権になった。これはブッシュ大統領自身が石油業を営み、石油ビジネスと緊密な関係を持ってきたことから考えると、当然だった。第四十一代、第四十三代のジョージ・ブッシュ二人をへて、ブッシュ家は世界の石油の値段と供給を決める力を持つに至ったのである。

二〇〇四年一月十一日、アメリカの有力新聞「ロスアンジェルス・タイムズ」がブッシュ石油王朝の全貌ともいうべき特集記事を掲載して以来、ブッシュ大統領とその一族の石油とのつながりが全米で脚光を浴びている。

このこと自身は別に非難されるべきことでない。ジョン・F・ケネディを生んだケネディ家は酒の密輸で財を成した。ロックフェラー副大統領を生んだロックフェラー家はご存知のように最大の石油帝国、金融王国の主である。

ブッシュ石油帝国の始まりは、四十三代アメリカ大統領ジョージ・W・ブッシュの三代前にあたるジョージ・H・ウォーカーである。彼は一九一五年、中央アジアのバクーで石油業を始め、大成功をおさめた。

一九一五年といえば、ロックフェラーがペンシルベニアで石油を見つけたほぼ六十年後である。

その後ジョージ・H・ウォーカーはイラクに移って仕事をさらに拡大した。

ブッシュ家とイラクとの関係はその頃に確立した。むろん当時はサダム・フセインはまだ存在していなかった。サダム・フセインが登場してくるのは一九六五年で、彼と関係を持ったのは四十一代大統領ジョージ・W・ブッシュである。

一方ジョージ・H・ウォーカーは一九二〇年アメリカに戻り、ウォール街でハリマン家と共同して石油業を始めた。ハリマン家は、鉄道王として知られていたが、アメリカでは鉄道委員会が地下資源の開発の管理権を持っていたことから、鉄道がそのまま石油の利権につながっていた。

このジョージ・H・ウォーカーの娘ドロシーと結婚したプレスコット・ブッシュは、政治の道を歩み、上院議員となり、強い政治力を発揮した。そしてその息子、ジョージ・W・ブッシュは、石油業のかたわら政治家になり、CIAの長官などを務めて中東との関わり合いを深めるなかで、サダム・フセインと関係をもったのである。

「ロスアンジェルス・タイムズ」の記事は、両者の関係がやがてこじれ、サダム・フセインがジョージ・ブッシュを暗殺しようとしたこと、現大統領であるジョージ・W・ブッシュが、サダム・フセインを戦犯として処刑しようとしていることなどを、身内同士のゴタゴタとして報道している。

四十一代大統領ジョージ・W・ブッシュは石油ビジネスを拡大し、四人の息子や娘たちにそれぞれ事業の一部を与えたが、長男の四十三代大統領は、若い時に油田探索の仕事をしたほかは、石油業には深入りしていない。だがブッシュ家全体としてはアメリカ有数の石油業者であることに間違いない。

記録を見ると、CIA長官を務めた四十一代ブッシュ大統領は中東との関わりが深く、石油による資産も確実に増やした。彼は強い父親であったプレスコット・ブッシュ上院議員のもとで、紳士としての教育を受けた。東海岸のニューイングランド地方になじみ、大統領選挙に立候補したとき、当時のテキサス州の女性知事アン・リチャーズに「銀のスプーンをくわえて生まれてきたおぼっちゃん」とこきおろされた。

ちなみにアン・リチャーズは葉巻が好物という女丈夫で、テキサス出身と言いながら、メイン州のケニバンクポートにある別荘の方が好きなブッシュを嫌っていた。その頃四十一代ブッシュ大統領を「ウィンプ」、弱虫と呼んではばからない人々も大勢いた。

たしかに四十一代大統領ジョージ・W・ブッシュは、見た目はCIAや石油業と深く関わったとは思えない、ものごしの上品な紳士である。私も何度か会いインタビューをしたこともあるが、知性をしのばせる話し方や誠実な応対に、取材チームの全員が好感をもった。

だが四十一代大統領ジョージ・W・ブッシュはまぎれもなく、CIA長官をつとめた諜報界の指導者で、石油業界の黒幕だった。彼は家業の石油業で儲けたあと政界に入り、一九六四年上院議員になろうとしたが、選挙の対立候補からクウェートの王族との関係などを指弾されて落選してしまった。

だが彼はその後も中東との関わりを強め、一九七〇年までには、オサマ・ビンラーディンとも関係があったと見られている。

ＣＩＡ長官時代、ＣＩＡの作戦で国際的な犯罪者と近いアブダビを本拠とするＢＣＣＩ銀行とも密接に関係した。ブッシュ家とサウジアラビアやアブダビ、クウェートなどの関係は深く、兵器業界にも深く関わっていると「ロスアンジェルス・タイムズ」は指摘している。

とりわけ同紙が厳しく批判をしているのは、ジョージ・W・ブッシュが一九七〇年代の末、サウジアラビア王族の北アメリカにおける代表だったジェームス・バースと呼ばれるテキサスのビジネスマンと親しい関係を持っていたことである。

このビジネスマンは、オサマ・ビンラーディンの親戚の一人を代表して北アメリカの仕事を請け負っていた。ブッシュはこのビジネスマンを経由して、ビンラーディンの資金とも関わりがあったと非難されている。

ビンラーディンの親戚というのは、サウジアラビアの大富豪、サレム・ビンラーディンで、四十三代大統領ジョージ・W・ブッシュも、いろいろな面でこのサウジアラビアの大富豪と関わっていると述べている。

「ロスアンジェルス・タイムズ」の報道を読むかぎり、第四十三ブッシュ大統領とサウジアラビア、とくにビンラーディン一族とのかかわりは深く、関係は複雑を極めているようである。このため今後ブッシュ政権が、どこまでサウジアラビアの問題に踏み込んでいけるか疑わしいと思われてくる。

オサマ・ビンラーディンが捕まったり、サウジアラビア政府が緊急事態に陥ったりした場合に、どのような問題が噴出してくるか非常に興味深い。さらにブッシュ家とペルシャ湾の石油採掘およびBCCIとの関わりにも後ろ暗いところがあると、「ロスアンジェルス・タイムズ」は指摘している。

同紙はまた、四十一代ブッシュ大統領の次男であるフロリダ州知事、ジェブ・ブッシュが間接的にではあるが、BCCIと関わりを持ち、やはり中東諸国と明瞭ならざる関係を持っていることなどを探り出している。

このような「ロスアンジェルス・タイムズ」の記事を信じるとすれば、ブッシュ大統領の一族は中東にどっぷりとつかっており、サウジアラビア、クウェート、シリアなどの富豪や企業、さらに犯罪的な銀行やビジネスと関係している。

これが大統領の仕事とどう関わり合ってくるかは、「ロスアンジェルス・タイムズ」も指摘していない。「道徳的にみていかがなものか」ということになるだろうと思う。

だが私が思うにもっとも問題なのは、四十一代ブッシュ大統領が再選に敗れたあとワシントンを本拠とするビジネスグループの一つ、「カーライル・グループ」に加わったことではないか。

このカーライル・グループは、ブッシュ政権の国務長官を務めたジェームズ・ベーカーや国防長官を務めたフランク・カルーチが率いる企業で、兵器産業をはじめとするさまざまな企業の買収で利益を得ている。このカーライル・グループに、ビンラーディンの一族を含む十二のサウジアラビアの王族がメンバーとして加わっている。

四十一代ブッシュ大統領はいまはこのカーライル・グループから身を引いているが、身近なジェームズ・ベーカー元国務長官は依然としてカーライルの経営陣の一人で、そのまま経営に携わっている。

チェイニー副大統領と関係が深いハリバートン社がいま、イラク戦争で不当な利益をあげたと非難されているが、ハリバートン社はブッシュ家とも関係がある。第二次大戦後、ブッシュ家とハリバートン社は、共同で仕事をしていた。

ブッシュ一族と中東との関わりはきわめて不透明で、アメリカのマスコミの報道だけではその全貌を知ることは難しい。だがカーライルの経営に加わっているジェームズ・ベーカー元国務長官が、イラクの国際的な債務の解決、つまり日本をはじめ諸国がイラクに対して持っている債権を放棄させる仕事に関わっているのは、明らかにおかしい。

アメリカのマスコミはこういったブッシュ一族と中東との関わりが、中東のゲリラの反米活動を激化させたのではないかと疑っている。四十一代ブッシュ大統領は、冷戦の時代、中東でCIAがソビエトと戦うのを監督し助けた。とくにアフガニスタンでの戦いには、相当深く関わった模様である。

そのときアフガニスタンで、ソビエトを相手にCIAと一緒に戦ったオサマ・ビンラーディンやタリバンが急速に反米に傾き、アメリカに対するテロ活動を強化したのは、ブッシュ一族に対する特別な感情が絡んでいるのではないかと、「ロスアンジェルス・タイムズ」は結論づけている。

石油を安全に確保したいというアメリカの国家政策と、石油業を家業にしてきたブッシュ大統領と中東の関わりをあばくことで、「ロスアンジェルス・タイムズ」の特集は、ジョージ・ブッシュではない大統領がホワイトハウスにいれば、違う展開になっていたのではないかと疑っているようでもある。

前大統領のウィリアム・クリントンは、第四十一代ブッシュ大統領を選挙戦で破りホワイトハウスに入ったが、石油とはまったく関わりがない。CIAとも接点はなかった。ウィリアム・クリントンをホワイトハウスに送り込んだのはウォール街である。

だがウォール街は、クリントン大統領の後継者、アル・ゴア副大統領をホワイトハウスに送り込もうとして失敗した。アメリカの人々はウォール街の作り出したバブルを嫌ったのである。

アメリカの人々はふたたび石油に関わりのある大統領を選んだ。彼は一族が深い関係を持ってきた中東に戦争を仕かけることによって、アメリカの石油不足の懸念を解消しようとしている。第四十一代大統領ジョージ・W・ブッシュは、石油や土地、金などを中心とする資産を持ったアメリカ人を背景に、新しい世界戦略を展開しつつある。

2 ウィリアム・クリントンは弱い大統領だった

誰がジョージ・ブッシュをホワイトハウスに送り込んだのか。その答えは簡単である。戦うことの出来る強いアメリカを作り、国際的にアメリカの力を行使できる大統領を求めていた人達である。

結論を先に言うならば、アメリカ国民がアメリカの強い力を行使できる人物としてジョージ・ブッシュをホワイトハウスに送り込んだのである。

このアメリカ国民とはどういう人々か。これについてあまり詳しく述べるスペースはないが、アメリカの財界、そして軍人達などがアメリカの指導者層を形成していると見てよい。

この人々は、第四十二代大統領ウィリアム・クリントンと、その直接の後継者であるゴア副大統領は、アメリカの強い力を国際的に行使できないと見ていた。クリントン・ゴア政権の八年間は、アメリカが持てる力を十分に発揮することが出来ず、国際政策が混乱したと考えたのである。

クリントン大統領とゴア副大統領は、アメリカ民主党の支持者から見れば進歩的で国際主義者らしく見えるが、これまで八年間やって来た実績から見るとそうではない。中国には完全に足元を見られていいように利用され、ヨーロッパ各国からは見下されてしまった。

アメリカには大統領学というものが確立しており、専門家が大統領の業績や、大統領の人格などを常に評価しつづけている。それによれば、第四十二代大統領に選ばれたウィリアム・クリントンは優秀な大統領としての評価を与えられていない。

アメリカで「名大統領」として評価されているのは、まず第三十二代大統領フランクリン・ルーズベルト、第二位が第十六代大統領エイブラハム・リンカーンである。クリントン大統領は二十六位。ホワイトハウスのインターーンとのセックススキャンダルにまみれ、弾劾裁判を受けそうになった大統領の評価が低いのは当然である。

こうした大統領としての評価とは別に、私が見るところクリントン大統領は、国際社会におけるアメリカの地位を低落させた責任がある。彼の在任中、アメリカは世界各国からなめられ、馬鹿にされ、利用された。

もっともクリントン大統領には、ITを世界に先駆けて発展させた功績はある。だがこの功績も、本当のところはゴア副大統領のものだと言う人々が大勢いる。ゴア副大統領は

「インターネット・ハイウェイ」構想を作り、アメリカがＩＴ時代の先導者でなければならないと主張しつづけた。

既に述べたようにクリントン大統領の支持者は、主としてウォール街だった。その中心になったのは、ロバート・ルービン財務長官である。ルービン財務長官はゴールドマンサックスの会長を務め、ウォール街から資金を集めて、アーカンソーの無名の政治家ウィリアム・クリントンをホワイトハウスに送り込むことに成功した。

ホワイトハウスに入ったクリントン大統領は、民主党の大物であるロイド・ベンツェン上院議員を財務長官にしたが、老齢ということもあって間もなく引退した。そのあとロバート・ルービン財務長官が誕生した。クリントン政権は国内問題では、このルービン財務長官が中心となり、ハーバード大学の支援を受けてそれなりの功績を残している。

クリントン大統領が登場した頃、アメリカ経済は、中だるみといってよい状況であった。その責任は第四十一代ブッシュ大統領にあった。彼はＣＩＡの長官を務め、アメリカの中国代表なども務めて国際問題には深い関心があったが、経済問題はあまり得手ではなかった。

このため強力な経済政策を展開することができず、前任者であるレーガン大統領の大がかりな減税とドル安による経済活性化政策を、アメリカ経済の拡大につなげることができなかった。このことを敏感に感じ取ったアメリカの国民は、第一次湾岸戦争に勝ったにもかかわらず彼をホワイトハウスから追い出してしまった。

一九九三年ホワイトハウスに入ったクリントン大統領は、ウォール街を背景に経済政策に力を入れアメリカ経済を大きく発展させた。もっともその功績のほとんどはレーガン大統領の行った減税と安いドル政策、それに冷戦に勝ったアメリカの力を、無理押しのかたちで世界中に要求したウォール街の人々のものだった。

歴史的に見ても、クリントン大統領の経済政策の成功は、レーガン大統領の減税と冷戦の勝利という遺産に基づいている。その結果がＩＴの爆発的な発展だったが、そうしたＩＴ発展の原動力も、クリントン政権の政治というよりは、一九九一年に、アメリカの国防総省の研究機関ダーパが作り出したデジタルコンプレッサーだった。これによってデジタル通信が可能になり、コンピューター技術が大きく進んだ。このときアナログハイビジョンの開発に力を入れるあまり、デジタル時代に遅れをとった日本は、アメリカに決定的に敗れたが、いまはこの話には深く立ち入るつもりはない。

クリントン大統領の功績は、ＩＴ産業の拡大と経済開発に限定される。冷戦に勝ったにもかかわらず、クリントンのアメリカは、世界的な権威を確立することに失敗した。

クリントン大統領は、アーカンソーの知事を務めただけで、国際問題に関わったことが全くなかった。そのうえ国務長官や国防長官に強力な人材を得ることができず、世界の超大国アメリカの指導者としての責任を果たすことに失敗した。

「クリントン大統領は、冷戦後のアメリカの権威を世界的に確立するという点ではみごとに失敗した」

ハドソン研究所の私の友人たちはこう言っているが、アメリカの権威を確立できなかったばかりか、クリントン大統領は冷戦が終わったあと各地で起きた地域戦争に足を引っ張られては、敗退している。

このころ日本では能天気なエコノミスト達が「ボーダーレスの平和の時代が来る」とはしゃいでおり、世界で実際に何が起きているかまるで分ろうともしていなかった。このためクリントン時代についての正確な評価も行われていないが、彼の八年間、世界は大きく混乱したのである。

クリントン大統領は八年間に七十六回、アメリカ軍を世界に送り込み、地域紛争を解決しようとしたがその全てに失敗し、多くの損害を出した。アメリカ国防省の資料によると、この七十回の出動でアメリカ兵三千人以上が死傷した。

もっとも不名誉だったのはソマリアへの出兵で、アメリカ軍は現地のゲリラに完膚《かんぷ》なきまでに敗れた。中南米のニカラグアでも失敗し、東欧でも多くの死傷者を出した。東欧コソボでの戦闘では、現地司令官のクラーク大将が反逆し、辞職するという騒ぎまで起こしている。

クリントン大統領は北朝鮮との交渉でも大失敗した。核兵器をめぐる北朝鮮と交渉では、経済援助を与えながら金正日に騙され、核兵器の開発を許してしまった。このときには、ＣＩＡのジェームス・ウールジー長官が、意見が異なるという理由で辞任してしまった。

中国政策でも結果的には失敗した。最後にはアメリカの高度なロケット技術の輸出を許可し、アメリカの国益をおおいに損なった。このときロケットの最終段階の姿勢制御技術を、クリントン大統領の許可を得て中国に輸出したマリオット社とヒューズ社はブッシュ政権から処罰される騒ぎになった。

クリントン大統領の中国に対するへりくだった政策は、この後アメリカの歴史の中で指弾されることになるだろうが、クリントン大統領の外交政策は、ウォール街主導の「金儲けのためならなんでもする」という考え方によるものだった。

当時ウォール街は投資先を求めるとともに、世界中の資金をウォール街に集めようとしていた。経済改革を始めたばかりの中国はウォール街にとっては強い関心の的で、クリントン大統領はウォール街の宣伝役かセールスマンの役割を果たしたのである。

一九九八年の六月二十五日から七月三日までクリントン大統領は中国を訪問したが、旅程の九日間というのは、アメリカの現職大統領が国を留守にした期間としては、アメリカ政治史上でもまれにみる長さだった。日本にも韓国にもよらず中国に直行し、観光地をめぐったあと北京で下にもおかぬもてなしを受けた。

クリントン大統領はブッシュ大統領とちがって、新聞記者たちとは良好な関係を持っていたが、さすがに目にあまったのかアメリカのマスコミは「ただの観光旅行ではないか。これがクリントン大統領の中国政策なのか」と厳しく批判した。

あとになって考えると、アメリカに対するテロ攻撃は、クリントン大統領の国際政策の失敗によってもたらされたと言うことができる。クリントン大統領が経済を優先させる外交政策しかやらなかった結果、国際的にアメリカが馬鹿にされ、テロリスト達の攻撃の的になった。

クリントン大統領の八年間は、レーガン大統領と第四十一代ブッシュ大統領による冷戦の勝利のあと、アメリカが国際社会において、アメリカの地位を確立しなければならない時期であった。だが経験も訓練もないまま世界の舞台に立ったクリントン大統領は、中国訪問で舞い上がったように、経験のない子どものような振る舞いが目だち、北朝鮮の金正日にも騙されてしまった。

アメリカは五十年にわたる冷戦を戦ったあと勝利を手にし、世界の指導者としての立場を確立するはずだったが、クリントンの八年間がその貴重な勝利を無駄にし、アメリカの権威を地に落してしまった。

クリントン大統領のこうした失敗は、アメリカ保守派の憤激を買い、政治家としてはクリントン大統領と同様に地方政治の経験しかないテキサスのブッシュ知事を、四十三代大統領としてホワイトハウスに送り込んだのである。

ブッシュ政権がアメリカの権威を取り戻し、世界の秩序を確立するための戦いを始めるとともに、ヨーロッパをはじめ国連のアジア、アフリカ諸国は、アメリカ一人勝ちの勝手なふるまいだと、厳しく批判し始めた。

だがそうした批判は、クリントン大統領のもたらした国際的な無政府状態から来る安易さから生じたものである。超大国の力を背景に、ブッシュ政権が世界にもたらそうとしている秩序に対する抵抗だった。

ブッシュ政権は、冷戦時代の基本であった国際主義と国際的リベラリズムを無視し、アメリカの利権、とくに石油という大切なエネルギー源を求める戦いを、唐突に始めてしまった。世界中の反発を買うことになったのもいたしかたないだろう。

だがブッシュ大統領はクリントン大統領の弱さを嫌ったアメリカの人々に選ばれた。これからも安全保障を中心に、アメリカの利益を守る戦いをつづけていく。

3　カネ余りと、モノ余りの新しい世界が始まった

クリントン政権が登場したとき、世界はデジタル技術を基本とするITの時代に入っていた。ITの時代というのは、まさに新しい情報化の時代で、世界の政治と経済情勢が一

変していた。

どう変っていたか。ＩＴの国際的な権威であるＭＩＴのレスター・サロー教授は私とのインタビューでこう言った。

「ＩＴによる情報は世界の動きを加速する。あらゆる情報を世界中から集め、世界中に広げる。この結果世界は変る」

ＩＴによって、情報はこれまでとくらべものにならないほど素早く処理されるようになった。このおかげで、新しい技術がおどろくほど短期間に開発され、製品も短い間に作られる。情報によって世界中の資金も集めやすくなる。

この結果、世界中がモノ余りになり、そしてカネ余りになったが、その打撃を直接に受けたのは日本である。日本はモノを作り、カネを貯蓄することで世界の経済界を動かしてきた。

ところが突然のようにモノ作りが簡単になり、誰でも世界各国からカネを集めることが出来るようになった。湾岸戦争が終ったあと、世界の人々にとって資金や製品を手に入れることはたいして難しいことではなくなった。世界にはモノが余り、カネが余ることになったのである。

人類の歴史は、いかにしてモノを作るか、そのための資本をいかにして作るかという歴史でもある。太古の時代は人間の労力が中心だった。人間の力をエネルギーとしてモノを作った。そして貯蓄によって資本を作り出した。

そのエネルギーが石炭から石油になり、蒸気機関が内燃エンジンとなり、生産性を拡大させた。ところがこのＩＴによって、生産性が飛躍的に向上し、モノが作られすぎるようになってしまった。情報化のおかげで貯蓄によらなくても資金が作れるようになり、カネ余りになった。

これは歴史的に見れば「大変化」だった。だがクリントン大統領とその政権はこの大変化を明確に理解することができなかった。モノ余りとカネ余りがそのままバブルになったのである。クリントン政権が作り出したＩＴ景気は、歴史上まれに見る悪質なバブルを形成した。ウォール街の株は異常に値上がりをつづけた。

クリントン大統領とクリントン政権の罪は、そうした新しい情勢に対してこれまでと同じような政治手法で世界を動かそうと考えたことだった。

世界中にモノが余り、そして世界中から金が集まってくる。新しい価値観と新しい体制によって政治を動かし、経済を拡大させるべきであったが、アーカンソーの田舎から出てきたクリントン大統領は、ただひたすらこれまでの経済原則と政治を進めたのである。

その背後にはウォール街が存在した。ウォール街は株が上がり、そして企業の収益が拡大する中で、自分達の利益を追うことだけに力を注いだ。その結果がウォール街と企業の歴史的ともいえる堕落である。

経済的な問題で言えば、クリントン大統領だけが悪かったわけではない。アメリカのIT関連株は宣伝もあって上がりつづけ、しかもカネ余りで資金の行くところがなかったため、株価は十倍、二十倍になった。

その典型がアメリカの巨大電信電話企業であるAT&Tの技術子会社、ルーセントの株である。一九九五年に十ドルだった株があっという間に百ドルを超した。同じように銀行や投資会社の株も上がり、完全なバブルが出現した。

バブルが崩壊したのは、企業の収益が株の値上がりに比べて上がらなかったことに原因がある。そしてその理由の幾つかは、技術的な開発が遅れたことにも問題があった。

例えば、鳴りもの入りで宣伝されたインターネット放送は、技術的な欠陥から簡単には実現できないことが明らかになって、投資家は損をすることになった。遺伝子工学や生物化学に対する投資も、期待どおりの成果を示さなかった。もっとも技術開発が進めば損を取り戻すことはできる。

クリントン大統領の罪は、モノ余りとカネ余りの世界が出現したことに気づかなかったばかりでなく、冷戦に勝ったアメリカの立場を十分に理解することが出来なかったことにある。このため政治指導力を発揮できず、中国、ロシア、ヨーロッパ、日本などの関係を混乱させ、冷戦の後の新しい時代を作ることに失敗した。

アメリカの指導者達は、新しい世界を作るために新しい大統領を必要としていた。クリントンのあとに強力な指導力を求めたのである。もっともブッシュ大統領がアメリカ共和党の大統領候補に選ばれたいきさつは、それほど劇的なものではない。

一九九九年当時、テキサスの知事だったブッシュ大統領の側近の一人が世論調査の結果を載せた新聞をブッシュ知事のところに持ってきた。

「共和党の政治家の中で、全米的にもっとも知られていて人気が高いのは知事です。大統領候補として動いたらどうでしょうか」

この話はブッシュ政権の側近から聞いたのだが、ブッシュ知事は即座にその話にのった。もっともブッシュ大統領が全米的に名前を知られていた理由は、テキサスの監獄に収監されていた死刑囚を全員、死刑にしたからだった。

アメリカでは死刑は依然として、賛否両論のかまびすしい刑罰である。州によっては死刑を認めない。死刑が執行されることが伝わると、反対する人々がアメリカ中からやってきて、刑務所の外で反対のデモを行う。

テキサス州は死刑を認めているが、ブッシュ知事は特別委員会を作り、死刑の判決を受けたが処刑されずに刑務所に入ったままの死刑囚をどうするか検討させた。その結果「全員が死刑に値する」という回答を得るや、五十人以上いた死刑囚を処刑してしまった。

「アメリカ四十九州の死刑囚を全部合わせたよりも多い死刑囚を、ブッシュ知事は殺した」

死刑反対論者はこう抗議したが、いっぽうでブッシュ知事は「決断力に富む指導者である」という評価を、保守的な人々から受けるようになったのである。

ブッシュ大統領候補に求められたのは、指導力であり、決断をする力であった。クリントン大統領も、後継者のゴア副大統領もその能力を持っていないと、アメリカの保守派の指導者達は考えた。この人々は、その能力を持つ新しい指導者の出現を望んでいたのである。

二〇〇〇年の大統領選挙は、多くの人が覚えているように、フロリダ州で票の数え直しという劇的な事態になり、僅差でブッシュ大統領が選ばれた。

全国の投票総数では相手候補の民主党ゴア副大統領のほうが多かったが、そうしたことはこれまでの大統領選挙でも起きている。一九六〇年のニクソン対ケネディの大統領選挙戦では、投票総数では敗れたニクソン大統領のほうが多かった。

一八二四年には、三人の大統領候補によって戦われた選挙戦で、得票数では最多だったアンドリュー・ジャクソン候補が過半数を集められず、再選挙で敗れた。こういう類のゴタゴタはアメリカの大統領選挙戦ではよくある。

アメリカの保守的な人々は、クリントン大統領にかわる強い指導力のある大統領を欲した。ＩＴによってアメリカ全体が変わり、これまでの考え方や行動ではバブルを解消することが出来ないと感じていたのである。

日本ではバブルで経済が混乱したあと、不況に落ち込んだ。今なお完全にはバブルから脱出できないでいるが、その理由はバブルを起こした官僚と自民党がそのまま政治をとりしきっているからだ。

アメリカの保守派指導者層は、バブルの責任者としてクリントン大統領とその後継者ゴア副大統領を拒否し、ウォール街を指導的な役割から外したのである。

4 アメリカ人は強い指導者を望んでいる

二〇〇〇年のアメリカ大統領選挙戦で、ブッシュ大統領を経済的に支援した人はあまりいなかった。当時ブッシュ大統領が当選すると思った人は大勢はいなかったのである。

二〇〇〇年の大統領予備選挙において、ブッシュ大統領はニューハンプシャーで大きく負けた。あまり良い出足とはいえなかった。ゴア副大統領の人気が高く、現職副大統領という有利な立場を背景に、いっきょに選挙戦を突っ走る構えを見せていたことも原因のひとつだった。

だが既に述べたように、バブル経済に反発するアメリカの指導者達や、地方の金持ち達は、クリントン、ゴア政権の失敗にうんざりしており、これ以上アメリカの権威を傷つけられてはたまらないと思っていた。民主党のゴア政権が発足するようなことになれば、アメリカは低落の道を進むと懸念していた。

こうした勢力、とくに西部や南部の保守派を基盤としてブッシュ大統領は選挙戦における立場を徐々に固めてはいたが、全国的に見れば選挙資金を出す人が少なかった。だが記録を見ると、選挙戦が始まった段階で、ブッシュ大統領に多額の資金を出して援助した企業がある。悪名高きエネルギー会社エンロンである。

エンロンほど急上昇し、あっという間に転落した企業もめずらしい。経営はめちゃくちゃで新しいエネルギー源の開発に失敗し、先行きがないと分ると経営陣は密かに持ち株を売って大儲けし、株主は大損害を受けた。

会社は一九九五年から二〇〇〇年のあいだ、まったく税金を払わず、倒産したときも経営者が資金を持ち逃げしたという、とんでもない会社である。二〇〇四年の春、このエンロンの倒産に、マーサ・スチュワートという有名人がからんだスキャンダルがアメリカのマスコミをにぎわせた。

マーサ・スチュワートは主婦からテレビの料理番組の人気者になり、そのあと自分の名前をブランドにした家庭用品の会社を設立し大成功をおさめた。ところがマーサ・スチュワートはウォール街のディーラーからエンロンが倒産するという内部情報を得て株を売り、あとで政府の調査に対して嘘の証言をしたことから裁判にかけられたのである。

彼女の嘘の証言というのは大した罪ではなかったため「有名人バッシング」だという法律専門家も大勢いたが、陪審員は懲役の可能性をふくむ有罪の評決を出した。エンロンの倒産で大損した一般国民の憎しみが、マーサに集まったのだという見方もある。

このエンロンのほか、石油企業が政治資金を出し、テキサスの地元の石油業者もそれなりの資金を出している。だが二〇〇〇年のブッシュ大統領の選挙戦は、全国的なスポンサーのない戦いであったということができる。

この事実は、ブッシュ大統領が新しい政策を実行するにあたってフリーハンドを持っていることを意味した。ブッシュ大統領はホワイトハウスに入って以来、毎年減税を行っており、とくに高額所得者の減税には力を入れている。これはアメリカ西部や南部の高額所得者の支援を受けたことに対するお返しといってよい。

ブッシュ大統領の支持者は地方の保守派、それも高額所得者で、職業的に見れば、西部や南部の土地持ち、石油業者、それに金本位制論者である。アメリカ東部の企業家達はほとんど援助をしていない。

二〇〇四年の再選にあたっては、ウォール街が高額な選挙資金を出し始めており、投資会社数社が合わせて百億円以上を寄付している。だが二〇〇〇年の選挙の時には、ウォール街もデトロイトもそっぽを向いたままであった。

ブッシュ大統領の国内政策、とくに税金や老人医療についての政策が金持ち優遇だと言われるのは、地方の資産家達がブッシュ大統領の支持者だからである。

アメリカ議会が二〇〇四年の初めに通した老人医療に関する新しい法案によれば、被保険者は自分の好きな薬局や病院で、薬を調合してもらうことが出来る。これは老人医療保険が始まって以来初めての仕組みだが、ブッシュ政権がこの法案を提出したのは、資産家たちの要求によるものだった。

株の売買や土地の売買などで得た利益についても減税を行ったが、これも明らかに資産家を優遇したものである。資産家たちはウォール街が作り出したバブルに打撃を受け、クリントン政権とウォール街には強い反感を持っていた。

ブッシュ政権は財政的にもそして思想的にもこれまでのクリントン政権とはまったく違う。ブッシュ大統領自身が、それまでのアメリカの政治とは関わりのない場所にいたからである。

こうしたブッシュ大統領の立場と行動に反発したのが当然のことながらウォール街であり、その意向を受けてアメリカのテレビネットワークやマスコミは、反ブッシュキャンペーンをくり広げた。ハーバード大学のエリート達も同じように、反ブッシュ陣営を形成した。

既に述べたように、二〇〇四年の大統領選挙戦にあたっても、アメリカのマスコミはブッシュ批判をくりかえしている。ブッシュ大統領とその支持勢力である地方の資産家達、アメリカの伝統的な外交政策とまったく異なる政策に反発しているからである。ブッシュ政権は、東部のマスコミのエリートたちとは全く意見が合わないのだ。

クリントン大統領を登場させたウォール街は、アメリカの伝統的な外交政策である国際主義とリベラリズムを支援するが、それはマネービジネスを続けるうえで役に立つからである。

アメリカのグローバリズムというのは実は、アメリカが第二次大戦以来とりつづけてきた国際主義と人道主義であり、ビジネスとしてはウォール街のファイナンスである。これにブッシュ大統領が反対しているのは、すでに述べたようにITによってアメリカの経済体制が変ったからには、バブルの弊害を一掃するためにも、新しい価値観が必要だと考えているからである。

アメリカのマスコミのブッシュ政権についての報道は客観的とはいえない。ブッシュ政権を引きずり下ろすための信念にこりかたまっているため偏向している。とくに「ニューヨーク・タイムズ」などのエリート・ジャーナリズムやハーバード大学の学者達は、ブッシュ政権の内部に立ち入ることが出来ないため、このままでは仕事にならないとあせっている。

西部や南部の資産家たちのほかにブッシュ大統領を支持したのがアメリカの地方に多い、宗教に熱心な人々である。アメリカの政治で見落としてならないのは、アメリカの人々の多くが今なおキリスト教に強く帰依《きえ》していることである。宗教で政治家を選ぶ有権者が大勢いる。

これまで大統領に選ばれてきた政治家は、いずれも宗教心が篤《あつ》い。ケネディ大統領はリベラルなプレイボーイとして知られているが、同時に敬虔なカソリック教徒だった。ワシントンの荘厳なカソリック大聖堂で行われた彼の葬儀を覚えておられる方も多いだろう。

ニクソン大統領はウォーターゲート事件のせいで、すっかり悪玉あつかいされているが、母親は敬虔なクェーカー教徒であり、ニクソン大統領自身も熱心な信者だった。このニクソン大統領のあと登場したカーター大統領は、彼自身が宗教家だった。アメリカ国民は、ウォーターゲート事件で目にした政治の汚物に辟易《へきえき》し、清潔このうえないカーター大統領を選んだのである。彼は日曜日になるとワシントンからジョージア州のプレーンズの自宅に戻り、日曜学校で子供たちに宗教教育をしていた。

クリントン大統領とゴア副大統領も、アメリカでいう新興キリスト教の信奉者で、地方の信者の中では強い人気を保っていた。これが二〇〇〇年の大統領選挙戦の接戦の原因ともなった。ブッシュ大統領も熱心なクリスチャンだったため、宗教がらみの選挙戦では五分五分になったのである。

二〇〇四年の大統領選挙でみると、民主党候補のジョン・ケリー上院議員と宗教との関わりがはっきりしていない。もしジョン・ケリー上院議員が宗教に力を入れていないとすれば、選挙戦に勝つことは難しいだろう。

二〇〇〇年の大統領選挙でブッシュ大統領を選んだ人々は、二〇〇四年、ブッシュ大統領を再選するために本格的に活動を始めている。まずバブルを作ったウォール街に反感を持つ人々、資産家である。次に資産として金や石油、土地を大切にする人々。ブッシュ大統領の減税政策を歓迎している人々だ。そして南部や西部の保守的で信心深い人々である。

二〇〇〇年の大統領選挙に関連して、もう一つ忘れてならないのは、冷戦を勝ちぬいた人々、ソビエトを破った人々である。この人々は民主主義と自由を標榜《ひょうぼう》するアメリカは、共産主義のソビエトに勝つことが使命であると信じていた。核兵器を使ってもソビエトをねじ伏せるべきだと主張した人たちである。

この人々を代表するレーガン大統領がかつてこう言ったことがあった。

「共産主義者という悪魔が地球を乗っとろうとしたら核兵器を使ってでも阻止する。地球を破壊することになっても構わない」

だがレーガン大統領がこう言った頃、ワシントンでは平和主義者が力を持ち、核兵器を使えば地球が滅びてしまうと警告していた。この平和主義者たちが「ニューヨーク・タイムズ」やウォール街の中心にいて、第二次大戦後のアメリカの主流である国際主義とリベラリズムを主張していたのであった。

ブッシュ大統領は、力こそ正義であると信じ、テロリスト国家が核兵器でアメリカに攻撃を仕かける前に、軍事力を使ってテロリスト国家の核兵器を壊滅させなければならないと信じていた。

ブッシュ大統領は二〇〇一年六月一日、陸軍兵学校で行った演説のなかで「核兵器を持つ敵対国に対しては、核兵器による先制攻撃がありうる」と述べた。サダム・フセインに対しても先制攻撃を仕かけたが、これはレーガン大統領の考え方を引き継いだものといえる。

ブッシュ政権の世界戦略を作り上げているのはネオコン、新保守派の人々だといわれる。だが核兵器の使用も辞さない戦略というのは、冷戦の時代から引き継がれた真正保守派の戦略なのである。

こうした人々によって作り上げられたブッシュ政権が、これまでのクリントン政権とはまったく違った考え方と政治をおし進めているのは当然のことである。これに対して「ニューヨーク・タイムズ」やハーバード大学の学者達はブッシュ政権には理論がない、その場しのぎのやり方をしているだけだと批判している。

アメリカのマスコミを通じて、その見方が世界中に広まっており、日本の進歩的な学者やジャーナリストも、そういった「ニューヨーク・タイムズ」の考え方をおうむ返しにしてブッシュ政権を批判している。

5　二〇〇八年以降もブッシュ体制が続く

私は二〇〇四年、ブッシュ大統領が再選されるのは間違いないと考えている。したがってブッシュ政権の石油政策は二〇〇〇年から二〇〇八年までつづく。アメリカが強いエネルギー政策を必要としているからである。

最近のアメリカの政治史を見ると明らかなのは、民主党と共和党がほぼ交互に政治を担当していることである。共和党のニクソンから民主党のカーターへ、共和党のレーガン、ブッシュから民主党のクリントンへ、そしてまた共和党のブッシュになった。

いまのブッシュ政権の政治のやり方は、一九八〇年に当選し八八年まで在任したレーガン政権の政治を踏襲している。その源流を探れば、一九六八年に当選したニクソン政権ということができる。

一九六八年に当選し、七二年に再選されたニクソン大統領はウォーターゲート事件でホワイトハウスから追放され、最後の部分をフォード大統領が担ったが、彼は民主党のカーター候補に敗れた。

一九八〇年と八四年の大統領選挙では、レーガン大統領が勝ち「ブードゥー経済学」とののしられてもひるまずに、サプライサイダー経済学による政策を推し進め、同時にソビエトに対する強硬な軍事政策を遂行してアメリカの政治を大きく動かした。

ブッシュ政権はこのレーガン政権から減税と安いドル政策を踏襲している。レーガン政権は減税によって消費を拡大し、安いドル政策によって海外の資金をかき集め、アメリカの経済を拡大した。

一九八九年に登場した第四十一代ブッシュ大統領は、冷戦の勝利の後始末を行うと同時に、レーガン政権の経済政策をそのまま引き継いだが、結局はレーガン政権の亜流であった。

では四年後の二〇〇八年に、どのような政権ができるか、大統領になれそうな政治家が今のところ見つかっていないため予測するのは難しい。だがアメリカ政治の原則に従えば、政治の振り子が逆の方向にふれて、強いブッシュ政権に変って人道主義の大統領が出てくる可能性もある。

ニクソン大統領の後を承けたカーター大統領はその典型だった。金本位制を中止し、中国との国交を始めるなど、数々の強硬な政策を押しすすめた強いニクソン政権のあと、リベラルで人道主義的なカーター大統領が登場し、軍事費を大幅に削減した。

その後は再び強い政治力を持つレーガン大統領がホワイトハウスに登場した。「ソビエトが対抗できないほどアメリカの軍事力を増強する」と主張して実行し、アメリカを冷戦の勝利に導いた。

四十一代ブッシュ大統領はレーガン大統領の亜流であったが、その後がリベラリズムと国際主義のクリントン大統領だった。クリントン大統領は、ウォール街を背景として経済優先の世界政策を展開した。

現在のブッシュ政権はクリントン政権とはまったく違った世界政策と金融政策を展開している。だが彼のあとに再びウォール街とハーバード大学を背景にしたリベラルな、そして国際的な政権が出てくることも考えられる。

だがテロリストとの戦いがつづいている状況のもとで、アメリカ国民が指導者を変えることはないだろう。いまブッシュ政権が行っているテロリストに対する戦いは、ただ単にテロリストからアメリカを守るといったものではない。冷戦後の混乱した情勢に乗じて戦いをいどんでくる、テロをはじめとするあらゆる勢力との新しい世界戦争なのである。ブッシュ政権の戦略的な立場についてジェームス・シュレジンジャー元国防長官はこう言っている。

「ブッシュ政権は、新しい国際秩序を作るために戦いを始めている。この新しい戦いは少なくとも二十年、長ければ三十年つづく」

同じようにブッシュ政権の戦略構想を構築している国防政策会議のリチャード・パール前議長もこう言っている。

「イラクの次はどこを攻撃するか。我々はまだ決めていないが、テロリストに対する戦いはアメリカの新しい世界戦略である」

こうした考え方に基づけば、二〇〇八年アメリカは、ブッシュ大統領によるテロリストに対する戦い、新しい世界秩序を作るための戦いをつづける指導者を選ばなければならない。

アメリカ国民がもし二〇〇八年に、新しい世界を作るために挑戦する指導者を選ばず、他の目的に向かってアメリカを動かす大統領を選んだ場合には、世界が混乱してしまうに違いない。

二〇〇八年は、アメリカ国民が、ブッシュ大統領のあとを継いで新しい秩序を作りつづける後継者を選ぶかどうかで、世界の歴史が大きく変わることになる。

アメリカでは今二〇〇四年の大統領選挙戦に全ての注目が集まっている。二〇〇八年にどのような指導者を選ぶべきか、まったく関心もないようだが、それは当然かもしれない。

歴史をふり返ってみると、今から五十八年前の一九四六年三月五日、アメリカのミズーリ州フルトンにあるウェストミンスター大学でイギリスのチャーチル首相がアメリアのトルーマン大統領を隣にして次のように述べた。

「アメリカ合衆国は今世界の力の中心にある。アメリカ民主主義にとってもきわめて重要な時にある。現在アメリカのこの強さは、世界の将来をになうべきものである。今アメリカの人々は、その任務の重さを感じ、なすべき任務を果たすことができないのではないかと恐れているはずである。

いまアメリカとイギリスの二つの国にとってなすべきことは明らかである。この任務を拒否し、あるいは見過ごし、さらにはまたその責任を十分果たさないならば、今後長く、後悔することになるだろう」

このとき世界は、ソビエト共産主義の脅威に直面していた。チャーチル首相は、ヨーロッパに鉄のカーテンがおろされるだろうと警告したのだった。

現在のアメリカのおかれた位置も五十八年前と変らない。五十八年前、第二次大戦に勝ったアメリカは強大な力を持っており、歴史をになう運命にあった。そしてその後、共産主義との冷戦に全力をあげ、ついに勝利を得た。チャーチル首相の言った、「なすべき任務」を果たしたのである。

いまアメリカは、テロリストという新しい脅威を目の前にして五十八年前よりも力を持ち、重い責任を負っている。こうしたアメリカが、ブッシュ政権が始めた戦いをやめてしまうような政権を持つとは私には思われない。

アメリカの政治は大衆の投票によって動かされる。時には予想できなかったような変化を見せる。だが現在の状況や将来の見通しを考えれば二〇〇八年にも、ブッシュ政権の政策をそのまま引き継ぐ大統領がつづくに違いない。

これから四年間、ブッシュ政権がやろうとしているのは、まず中東の安定である。イラクの国内に平和をもたらし、安定した政権を作るまでに一、二年は要するはずである。同時にサウジアラビアの腐敗した状況を少しずつ是正していくが、それには、さらに長い歳月を必要とする。イランとシリアを安定させるにも、十年以上はかかるだろう。

それに並行して北朝鮮の金正日を排除し、朝鮮半島の安定をはかるが、それにも長い時間がかかる。とくに金正日政権を倒した後に、安定した政権を作ることは、イラクの場合と同じように難しいだろう。

アメリカの進歩的な新聞「ニューヨーク・タイムズ」やハーバード大学、それにウォール街は、ブッシュ政権の始めた戦いに満足していないように見える。アメリカの進歩的な新聞はほとんどがイラクの戦争に反対しており、大量破壊兵器が見つからなかったことで、ブッシュ大統領を批判している。

だがこうしたアメリカの進歩的な新聞やハーバード大学の学者とは別に、一般のアメリカ国民の動向を見てみると、大多数はブッシュ政権の戦いを支持しているようである。

アメリカの西部や南部、そして中西部の新聞をはじめとするマスメディア、さらには世論調査を見ても明らかなように、アメリカの一般国民は単純にブッシュ大統領を支持し、サダム・フセインに対する勝利を喜んでいる。私の長年の友人である評論家のロバート・ノバックはこう言った。

「単純に言ってアメリカ国民の八十パーセント以上はブッシュ大統領を支持している。アメリカ人の九十パーセントはサダム・フセインは悪者で、アメリカが軍事力で制圧した事は正しいと考えている」

この九十パーセントというのは彼の政治的な感覚に基づくものだが、アメリカ国民はブッシュ大統領を支持しており、二〇〇四年の大統領選挙でも彼をホワイトハウスに送り込むと私は思っている。

だがアメリカでは、いくつもの政治勢力が競い合っている。現在ブッシュ政権を支持している石油業者や西部の牧場主たちが政治力を維持し、ブッシュ政権にいまの経済政策を、そのまま推し進めさせることが出来るかどうか分らない。

最小限言えることは、ブッシュ政権が行っているテロリストに対する戦いは、この次の四年間では終らず、アメリカの国家戦略として次の政権に引き継がれるだろうということである。

日本の新聞は今度のブッシュ大統領のイラクに対する戦争が大義に基づくものではなく、不正な行動であると断言している。これは「ニューヨーク・タイムズ」などアメリカの進歩的なマスコミの論調をそのまま伝えているからである。

だがアメリカの場合は、選挙をにらんでのブッシュ反対の政治キャンペーンであり、その背後には、ブッシュ政権によってアメリカ政治から除外されているウォール街やハーバード大学の利害がからんでいる。ヘンリー・キッシンジャー博士が私にこう言った。

「日本の人々はアメリカの国際的な新聞にだまされてはならない」

キッシンジャー博士が言おうとしたのは、「ニューヨーク・タイムズ」の言うことを丸呑みするなということである。そしてアメリカ国内のブッシュ批判やイラク戦争に対する反対は、選挙キャンペーンの一つだということである。

ブッシュ大統領の中東に対する戦争と、これからアメリカが続けるテロリストに対する戦いや石油戦略が、大義に基づくものであるかどうか、それを判断する前にブッシュ大統領の戦いが、日本にとって何を意味するか考える必要がある。

世界は依然として、また今後も現実の利害の衝突の場所である。そもそも大義などという言葉そのものが、国際社会においては定義し難いことを知る必要がある。

アメリカはブッシュ政権のあとも同じような形での中東への介入を続け、ゲリラとの戦いという名目のもとに、アメリカの石油戦略を追求しつづけるであろう。

現在のそして二〇〇八年以降のアメリカは、理念という点を考えれば、冷戦を戦ったアメリカとは大きく異なる。国際社会における大義というものもまったく違ったものになっている。

日本は二〇〇八年以降もブッシュ体制がつづくと考え、日本の国益に沿った戦略をたてるべきだろう。

第六章

日本人が知らないアメリカ

アメリカは、民主主義が全ての基本である。政治家が国民を動かそうとすれば、この原則に従ったやり方をとらなければならない。専制国家や官僚国家のように、命令一過で動かすことは出来ない。民主主義のやり方で国民を動かすには、政治的な陰謀がきわめて重要になる。陰謀というと言葉は悪いが、要するにうまく立ちまわって国民を納得させ、場合によっては騙《だま》して動かすための策略である。

アメリカの民主主義は陰謀がなければ動かない。アメリカの政治が民主主義に則《のっと》って世界を動かそうとすれば、壮大な陰謀が必要になる。「真珠湾攻撃」はルーズベルト大統領による陰謀だったとはよく言われることだが、そうした政治風土の中では、陰謀をめぐらす能力のない日本の政治家はどうにもならない。日本は民主主義といってもしょせんは江戸幕府型民主主義で、国民はお上の言いなりである。日本の政治家は国内政治でも陰謀をめぐらす必要がないから、国際的な陰謀となったら手も足も出ない。だからアメリカは日本を軽くみるのである。

1 アメリカの国際戦略は謀略にあり

アメリカの世界戦略は陰謀にある。アメリカは核兵器をはじめ、強力な軍事力を維持し、世界に君臨しているが、アメリカが世界を支配している最大の力は、国際的な陰謀をめぐらすことのできる能力である。国際的な陰謀と言うとおどろおどろしく聞こえるが、アメリカの指導者が日頃やっていることの延長にすぎない。

アメリカの指導者は、民主主義という原則の下で国家を動かしている。民主主義というのは国民一人一人の意見をきわめて大切なものと考える。指導者が一方的に命令を出して、国民を動かすわけにはいかないのである。ではどうやって国民を動かすか。国民がそれぞれ自分で考えて、指導者の言うことに賛成するように仕むけるのである。そのためには綿密な策略が必要となる。

アメリカの大統領は、自らの理想に基づき世界戦略を展開するが、その実現にあたっては国民をうまく動かさねばならない。国民を動かすためには手練手管を必要とするが、その手練手管を陰謀と私は呼ぶ。

アメリカの指導者は、策略をめぐらして国民を動かし、キャンペーンを行って世界戦略を展開しなければならない。世界の独裁者や専制主義者たちとは、やり方がまったく違うのである。しかし陰謀であることに変わりはない。

アメリカでもっとも正直だと言われ、尊敬されているエイブラハム・リンカーン大統領の南北戦争も陰謀だった。彼が大統領に就任することに反対する南部諸州を、力でねじ伏せるにあたって奴隷解放という旗印を掲げたが、そのやり方は、まさに陰謀そのものであった。

リンカーン大統領は南部を巧みに戦争に誘い込み、その動きに対抗するというかたちで北部の人々を団結させ、南北戦争を始めたのである。その経過は次のようなものだった。

一八六一年四月十二日、リンカーンはアメリカ北軍の最前線の基地で、サウスカロライナ州にあるサムター砦にアメリカ北軍の一個師団を送り込んで軍備を整えるとともに、砦の防衛体制を強化した。

この措置に対して北軍の将軍たちは、当時すでに険悪な関係になっていた南軍を刺激することになると強く反対していた。しかもリンカーンは、南軍の指導者であるサウスカロライナの州知事に対して、南軍がサムター砦を攻撃しないならば、砦を軍事的に強化しないと約束していたのである。

当時、北軍と南軍はにらみ合いを続け、まさに一触即発の状況になっていた。わずかなきっかけで戦いが始まることは明らかだった。そうした緊迫した状況のなかで、リンカーンはサムター砦に北軍を送り込んで防衛体制を強化したのである。

煮えたぎる油の中に火のついたマッチを投げ入れたようなもので、憤激した南軍はサムター砦に対していっせいに攻撃を開始した。シビル・ウォーと後によばれるアメリカの内戦すなわち南北戦争が始まったのである。

アメリカの南北戦争は、黒人の解放をめざしたリンカーン大統領の正義の戦いであるという常識的な見方が定着しているが、そんな単純なものではなかった。

リンカーンは一八六一年三月四日、十六代大統領として就任したが、国民の総投票数のわずか四十パーセントを得ただけだった。南部諸州はエイブラハム・リンカーンを大統領にするつもりはなかった。

リンカーン大統領の就任式の前、サウスカロライナはアメリカ合衆国から離脱した。つづいてアラバマ、フロリダ、ジョージア、ルイジアナ、ミシシッピー、テキサスなどもアメリカ合衆国から離脱してしまった。

リンカーン大統領としては、南部の諸州と戦争をする以外にアメリカ合衆国の統一をはかることは出来なかったが、自分のほうから南部諸州に攻撃を仕かけることは、政治的にきわめて難しかった。

結局、リンカーン大統領が最前線のサムター砦を増強したため挑発されたサウスカロライナ州の軍隊が戦争を開始し、リンカーン大統領の思うつぼになった。リンカーン大統領は、サウスカロライナ州の軍隊がサムター砦を攻撃するやいなや、四月十五日、七万五千人の志願兵の募集を決定するとともに、四日後の四月十九日には、南部の港を海軍力によって封鎖した。

かくして南北戦争が始まり、リンカーンの北軍が勝利を得て、奴隷は解放された。リンカーンは歴史の中で、アメリカきっての名大統領とあがめられ、大統領の指導力という点でも史上第二位の高い評価を得ることになった。アメリカだけではない、リンカーン大統領は世界中の人々から奴隷を解放した指導者として尊敬されている。

ワシントンのポトマック川のすぐそばにリンカーン・メモリアルがある。ギリシャの神殿のような建物の中に、椅子に座りアメリカ議会を監視するがごとく真正面から見つめているリンカーン大統領の大きな彫像がある。

ここへ日本人の観光客がやって来ると、メモリアルにいるガイドは、聞かれる前に左側の壁を指さす。「人民の、人民による、人民のための」という有名なリンカーンの演説の言葉が刻まれている壁である。私も初めて訪れた時は、この言葉をさがした覚えがある。

リンカーン大統領は人格的にも、人間性という意味でも最高のアメリカ大統領という評価を受けているが、南北戦争を始めた時のかけ引きを見ると、戦略的陰謀の天才でもあった。リンカーン大統領の南北戦争は、アメリカの政治と戦略の基本が謀略にあることを示している。

すでに述べたが、日本軍による真珠湾奇襲攻撃もまた、フランリン・ルーズベルトの謀略だったという説が消えることはない。「真珠湾」は、それまで戦争に参戦することに反対していたアメリカ国民を一夜にして参戦派に変身させた。そしてF・D・ルーズベルト大統領は、アメリカの歴史の中でリンカーン大統領をさしおいて最高の評価を受けている。「真珠湾」については依然として評価が定まっていないところもあるが、ルーズベルト大統領の謀略だという説が十分納得できるような状況だったのは確かである。

一九三五年、ルーズベルト大統領は西海岸を基地としていたアメリカ太平洋艦隊をハワイの真珠湾に進出させた。これはアメリカ軍を西方へ展開させるオレンジ計画に基づくものだったが、ハワイに移ったアメリカ太平洋艦隊が本土ほど十分な防衛体制をとることが出来なかったのは当然である。

日本帝国海軍の山本五十六大将は、ほとんど丸裸で太平洋に展開しているアメリカ太平洋艦隊に対して、奇襲攻撃を敢行する誘惑をふり切れなかった。かくして一九四一年十二月七日早朝、日本海軍はハワイの真珠湾に奇襲攻撃をかけ、アメリカ太平洋艦隊の主力艦艇をほとんど壊滅させた。だがこの攻撃の前にアメリカ海軍の空母は太平洋上に逃れていた。

ルーズベルト大統領はこの攻撃を「卑怯なだまし討ちである」として日本を厳しく非難し、政治的な大キャンペーンを展開してアメリカ国民を結集させるのに成功した。それまで戦争に反対していたアメリカ国民が、百八十度、態度を変え日本に対する報復戦争を支持したのである。

当時から「ルーズベルト大統領は日本海軍の動きを知っていたらしい」、「真珠湾への奇襲攻撃も予測していた」という風説は流れていたが、時の太平洋艦隊司令官キンメル大将は、日本の奇襲攻撃を予測させる情報をワシントンから受けていなかったと抗議している。

ともあれアメリカ国民は「日本のだまし討ち」というルーズベルト大統領の言葉に興奮して立ち上がり、日本との戦争に突入した。もっとも大日本帝国海軍による真珠湾攻撃では被害が大きすぎたことから責任問題がおき「ルーズベルト大統領の計算ちがいだった」と言う歴史家もいる。

真珠湾攻撃のあと、アメリカ海軍が日本海軍にしっぺ返しをしたミッドウェー海戦でアメリカ海軍は大勝し、太平洋戦争に転機をもたらしたが、この戦いも謀略によるものだった。

一九四二年六月四日、アメリカ海軍は太平洋上の小さな島、ミッドウェー島の近くに日本海軍の艦隊をおびき出し、真珠湾の報復をした。この戦いで日本帝国海軍は主力空母のほとんどを失い、日本海軍は事実上このとき壊滅してしまった。

当時、ニミッツ大将に率いられたアメリカ海軍は、日本海軍の暗号通信を解読しており、ミッドウェー沖に日本帝国海軍の主力部隊がやって来ることを承知していた。だが知らないふりをつづけ、侵入してきた日本の機動艦隊を待ち構えていっきょに葬ったのである。

二〇〇三年、アメリカの優れた戦略家であるジェームス・シュレジンジャー元国防長官は「ミッドウェーで日本海軍を壊滅させた結果アメリカは、軍事力の主力をヨーロッパにまわすことが出来るようになり、ヒットラーに対する戦いにようやく勝つことができた」という論文を発表している。

こういった謀略の記録は、アメリカの戦史のなかには数え切れないほどあるが、謀略のなかには背信も当然ふくまれる。

日本の戦後史に特異な名を残したキャノン機関の首魁《しゅかい》、ジャック・C・キャノンとインタビューしたことがある。一九七〇年代のはじめで、まだ私がNHKで働いていた頃のことである。日本の戦後について番組を作っていた。このときキャノン中佐が私にこう言った。

「国と国の条約など信用しては駄目だ。アメリカはインディアンと戦い、四百の条約を結んだが、そのうちの三百九十九をやぶった」

アメリカ人の謀略と背信行為は、もう一つのアメリカ人の律儀なまでに原理原則にこだわる戦争のやり方から見ると矛盾しているように思われるが、この二つのやり方をたくみに使いわけるのが、アメリカの政治と戦争の原則なのである。

アメリカが戦争をするにあたって、原理原則を尊重することを示す例をあげておこう。

一九四五年八月六日、アメリカは原子爆弾を広島におとし、つづいて長崎にも原子爆弾を投下した。それから五十年以上たった今もアメリカでは、日本に核爆弾を投下したことは正しかったかどうかという論議をくり返しており、論文が発表されている。

一九八九年には「日本に原爆を落したのは日本へ本土上陸作戦を行って膨大な死者を出すのを避けるためだった」という、アメリカ軍の結論的な弁解が発表されたり、そうした考えに軍人としてアイゼンハワー大統領が反対したことが明らかになったりしている。

アメリカの外交と国際政治が常に謀略がらみであり、謀略に優れた大統領がアメリカの優秀な指導者とされていることに、我々はもっと注目すべきである。アメリカと付き合っていくために知らなければならない、アメリカ人の特性だからである。

このように謀略に長《た》け、謀略を好むのはアングロ・サクソンの特徴的な性格だという見方もある。第二次大戦で、もっとも目覚しかった戦いは、アメリカ軍とイギリス軍が協力し、ドーバー海峡を渡ってヨーロッパに上陸し、ナチドイツに反撃した「Dデイ」の戦いである。

このときイギリス軍とアメリカ軍は、ありとあらゆる謀略をかさね、ドイツ軍に攻撃地点を予測させず、ヒットラーに対する反撃の口火を切ることに成功したのである。

アメリカとイギリスは現在も、国際社会をリードし世界を動かしている。アングロ・サクソンが謀略のかたまりであることを忘れてはならない。つまり民主主義の国の指導者というのは、常に謀略を考えているのだ。

2　アメリカは朝鮮半島はいらない

二〇〇四年三月一日、ワシントンは朝早くから、どんよりとした曇り空だった。例年になく春の訪れが遅かったが、ようやく緑色が濃くなり始めた芝生の間の道を通って、ワシントンのシンクタンクの責任者たちが、ホワイトハウスに集まってきていた。

この日ブッシュ大統領は本格的な大統領選挙戦を前に、外交問題や選挙戦略について各方面の指導者達と話し合うことにしており、ハドソン研究所からはハーバート・ロンドン所長がよばれていた。

ブッシュ大統領はこの日、多くの問題について話したが、朝鮮半島問題についてはこう言った。

「朝鮮半島の問題は、中国が責任を持ってやってくれる。中国は真剣になっており、まかせておいて良いと思う」

ブッシュ大統領は北朝鮮問題については言わば、中国に丸投げの姿勢を表明したのである。いまやブッシュ政権は、朝鮮半島で戦争をするつもりはまったくない。その理由は、イラク戦争の後始末の誤算である。

アメリカは強大な軍事力をふるってイラク戦争そのものには、短期間で勝利をおさめたが、そのあと内戦をつづけているイラクの人々にあきあきし始めている。朝鮮半島で戦争に勝ったとしてもイラクと同じで、簡単には終らないと思い始めている。しかも朝鮮半島には石油もない。アメリカが手に入れたいと思うものは何もない。

このため基本的にブッシュ政権は、朝鮮半島を中国に丸投げしたのだ。二〇〇三年、イラクでの戦争が終ったあと、ブッシュ政権の国防政策会議の責任者であるリチャード・パール博士が私とのインタビューのなかでこう言った。

「金正日よ、次はお前だ」

ところが二〇〇四年の三月にインタビューした時は、「戦争は不可避ではない」という意見に変わっていた。いまやブッシュ政権には北朝鮮に戦争を仕かけるつもりはまったくない。ブッシュ政権の首脳は私に次のように述べている。

「経済封鎖や外交交渉を通じて、金正日に核兵器をあきらめさせる。核兵器の凍結ではなく、完全廃棄だ。核兵器をなくしてしまえば金正日は、政治的な影響力を失い、失脚するに違いない」

ブッシュ政権の狙いは、金正日から核兵器を取り上げるだけでなく、金正日を失脚させることである。それも軍事力を使わず、外交のかけ引きと経済封鎖によって目的を果たそうとしている。

しかもさらに重要なのは、金正日が崩壊したあと、北朝鮮をどうするのかはっきりしたシナリオを持っていないことだろう。ブッシュ政権の首脳が私にこう言ったことがある。

「金正日が倒れたあとの北朝鮮は、中国がなんとかするだろう」

前任者であるクリントン大統領は、北朝鮮を軍事的に崩壊させ、そのあと南北朝鮮を合併させようとしていた。だがブッシュ政権の中で、南北合併を口にするものは殆《ほと》んどいない。朝鮮半島の南北合併を未だに考えているのはハドソン研究所をはじめワシントンの研究所の若い学者達だけだが、彼らはブッシュ政権の朝鮮半島政策が大きく変ってしまったことに気がついていない。

クリントン政権の時代までは、それでもまだ大雑把なガイドラインがあった。クリントン政権の朝鮮半島問題の総責任者は、アメリカ国防総省のジョセフ・ナイ国防次官補だったが、その指揮のもとアメリカの政府と学者達は韓国と北朝鮮の合併による構想をはっきりと持っていた。

ところが現在のブッシュ政権には、朝鮮半島問題についての最高責任者というのはいないようである。責任者は在韓米軍ではないかと私は思っているが、それ以外は若い無名の学者達が勝手に朝鮮半島問題を研究しているというのが、現在のワシントンの情勢である。

この状況について日本は注意すべきだが、なぜそうなってしまったかと言えば、ブッシュ政権にとって、朝鮮半島問題が国際問題の中ではきわめて小さなもので、優先順位からいけば、最後のほうに位置づけられているからである。北朝鮮問題についてキッシンジャー博士と話し合った時に、彼がこう言ったことがある。

「朝鮮半島は中国にまかせておけば良いとブッシュ政権の首脳は考えているだろう。北朝鮮は中国の利害にからむ問題だ」

国防政策会議のリチャード・パール前議長も私にこう言っている。

「まず金正日の核兵器を取り上げることだ。金正日がいなくなれば、より穏健な政権ができるだろう」

金正日がいなくなったあと北朝鮮と韓国をどうするのか、ブッシュ政権には、確たるプランは何もないようだが、クリントン政権は韓国をウォール街の勢力下におき、在韓米軍と協力して、北朝鮮を韓国が併合するかたちで、朝鮮半島の統一を考えていたようである。

ウォール街の韓国進出を取りしきっていたのは、ウォール街の投資会社ゴールドマンサックスである。その中心は経営陣にいたロバート・フォーマット元国務次官補で、私はクリントン政権が成立したあと、彼にインタビューをしたことがある。

その頃ウォール街とゴールドマンサックスは、韓国の金大中大統領を完全にとり込んでいた。韓国系のマネートレーダーがニューヨークに積極的に進出し、ウォール街とソウルの関係は、日本とのそれよりも密接になっていた。しかもハーバード大学のビジネススクールやニューヨークの学校を卒業した韓国の若者たちが、韓国の財閥や金融企業に就職し、ソウルはニューヨークの出店《でみせ》といった雰囲気になっていた。

金大中大統領がアメリカにやって来ると、ホワイトハウスに行く前にニューヨークのゴールドマンサックスの本社に立ち寄った。ゴールドマンサックスの本社には韓国の国旗が翻っていた。このころ私の友人で、デトロイトのロビイストがこう言ったことがあった。

「フォードが韓国への進出を考えている。韓国を拠点としてアジア戦略を展開しようとしている」

フォードは韓国に工場を作り、地つづきである中国やロシアに自動車を売ろうとしていた。当時はまだ中国の資本主義化が遅れており、アメリカは東南アジア進出の拠点として、明らかに韓国を選んでいた。

金大中大統領が登場する前、韓国軍の指導者たちがあいついで汚職で捕まり、韓国軍の指導力が急速に低下していたが、そうした現象はウォール街のソウルへの進出と大きく関わっていたのだろう。同時に韓国の財閥の解体も始まり、ウォール街が思うままの改革が、嵐のようにすすめられた。

その内幕はワシントンやニューヨークには伝わってはこなかったが、韓国を物理的に抑えているのは在韓米軍であり、在韓米軍の命令がなければ韓国軍はまったく動けなかった。当時ウォール街とアメリカの財界人は、相当にやりたい放題のことをやったと思われる。

こうしたアメリカの動きが、韓国の民主化につながり、財閥や軍部の解体になったが、金大中大統領や現在の盧《ノ》武鉉《ムヒョン》大統領が、若者や大衆の動きを背景に北朝鮮に接近していることを、ブッシュ政権は危惧しているようである。ブッシュ政権の首脳が私にこう言ったことがあった。

「韓国が北朝鮮に飲み込まれてしまえば、朝鮮半島は中国のものになってしまう。南北朝鮮が合併すれば、アメリカの世論は在韓米軍を引きあげてしまえと言い始めるのは確かだ」

ブッシュ政権はどうも、韓国と北朝鮮をどうしたらよいのか戸惑っているようである。アメリカ国防総省を率いているラムズフェルド国防長官は、できれば在韓米軍を引きあげて中東に回そうと考えている。

もともとアメリカに朝鮮政策は存在していない。一九四五年八月十五日、日本がアメリカに降伏したあとアジアにやって来たマッカーサー元帥は、朝鮮半島を独立させることは考えてもいなかったと部下達が述べている。

いまのブッシュ政権も、朝鮮問題については殆ど関心を持っておらず、これまでも全てをアメリカ陸軍とウォール街にまかせてきた。それが、中国に全てをまかすことになったのは、中国経済が資本主義化すると共に、朝鮮半島を中国の一部にしてしまっても政治的にさしさわりがないと思っているからだ。

ブッシュ政権のコンドリーザ・ライス補佐官も北朝鮮について関心があるのは核兵器だ

けで、ほかのことは何も知らないといってよい。ライス補佐官の関心は朝鮮半島と極東にはまったくない。

ブッシュ政権のアメリカは、朝鮮半島に関心もなければ、欲しくもないと思っている。北朝鮮が崩壊し、政治的な空白になった後を、中国が埋めようと、日本が介入しようとも構わないと思っている。戦争などの混乱が起きなければどうでも良いと考えているのである。

3　アメリカは中国戦略をもてない

二〇〇三年十月二十三日、ワシントンの政界に強い影響力を持つ宋美齢女史が一〇五歳という長寿を全うして亡くなった。宋美齢は蔣介石の未亡人で、一九七五年に蔣介石が死去したあとアメリカに渡りニューヨークに住んでいたが、台湾と強い関係を持つワシントンのチャイナ・ロビーに絶大な影響力を持っていた。

ブッシュ大統領もこのチャイナ・ロビーとの関わりが強く、台湾に対する軍事援助は最も重要な中国政策となっている。だがクリントン大統領と違ってブッシュ大統領は、デトロイトやウォール街の思う通りには、中国との関わり合いを強めようとは思っていない。

しかし一方では、中国の将来についてははっきりとした見通しを立てていない。

「中国が将来分裂するのかどうか、共産党がこのまま続くのかどうか、まったく予測が立たない」

ブッシュ政権の首脳陣はこう言っているが、中国の新しい政治家たちが台湾問題をめぐってアメリカと軍事的に対立してくるとは考えていない。

「中国の若い新しい指導者たちは殆どがテクノクラートで、イデオロギーのためにアメリカと対立しようとは思っていない」

ブッシュ大統領に強い影響力を持つヘンリー・キッシンジャー博士がこう言ったがブッシュ大統領とその政権は、中国の国際的な位置と将来、そして政策がわからないために、対中国戦略を決めかねている。キッシンジャー博士ですら「歴史的にみれば、アメリカと中国の二つの大国が対決することになるのは避けられないだろう」と言っているのだ。

だがいまのところ二つの大国の関係は流動的である。ブッシュ政権も長期的にみて中国をどう扱うか決めていない。戦術的にも戦略的にも決められずにいる。

全てはこれからなのである。

アメリカの中国に対する政策はどうなるのか。アメリカには、基本的に二つの考え方が存在している。

一つはクリントン政権のように「アジアのことは中国に任せてしまえ」という考え方で

ある。二〇〇三年八月十二日、アメリカ上下両院の合同会議による米中経済安全保障政策見直し委員会の席上、当時のオルブライト国務長官は次のように述べた。

「北朝鮮と核問題について交渉したときは、中国と密接に話し合った。中国は北朝鮮の崩壊を望んでおらず、ワシントンと北朝鮮の仲介役に全力をあげている。中国と北朝鮮の交渉にあたってはケリー国務次官補が同席し、アメリカの意向が伝わるようにした」

すでに述べたようにクリントン政権は、ウォール街の意向もあって中国と密接な関係を維持していた。一方ブッシュ政権は、こうしたクリントン政権の政策に真っ向から反対した。ブッシュ政権に近いプリンストン大学の国際安全保障研究所長アーロン・フリードバーク教授は「クリントン政権は中国に力を貸して、アメリカを攻撃できるミサイルを製造するのを手伝った」と批判している。

ペンシルベニア大学の教授で、保守的なシンクタンクであるアメリカン・エンタープライズのアジア問題部長のアーサー・ウォルドロン教授は、「クリントン政権は中国に頭を下げすぎている」と批判している。

クリントン大統領自身、一九九四年ホワイトハウスで中国政府の外交当局者と会った際には、アメリカの対中国政策を嫌っていると述べた。クリントン大統領は言論の自由を許さず、反政府主義者を牢獄に入れたり処刑したりする中国の国内政治を嫌い非難するべきだと考えていた。だがそれと外交政策とは別だとも思っていたのである。

つまりクリントン大統領は、人道主義政策と外交政策を一緒にすべきでないと考えていたが、ブッシュ大統領をはじめとする保守勢力は、中国は非人道主義の権化であるばかりか、テロリスト国家にミサイル技術を売っていると考え、距離をおいた外交を続けてきた。

ところが二〇〇四年一月十四日、中国が初めて人工衛星を打ち上げたあとブッシュ大統領は、アメリカと中国が共同して宇宙開発を行おうと呼びかけ、世界の人々を混乱させた。

「ブッシュ大統領の考え方は、一日に昼と夜があるように、まったく違うものが一緒になっている」

こうジャーナリストが批判したが、ブッシュ大統領のこのときの発言は、いわば外交辞令だった。ブッシュ大統領は本気で中国といっしょに宇宙開発をしようとは考えていない。

ブッシュ大統領をはじめ共和党の保守勢力は、中国が核兵器やミサイルの技術を北朝鮮に与えているのではないかと疑っている。世界のテロリストの背後には、中国がいると考えている。

すでに述べたようにアメリカは北朝鮮問題について関心を失い、すべてを中国にまかせようと考えている。だがアジア全体を中国にまかせてアジアから手をひこうと決めたわけではない。

アメリカの基本的な外交政策は「世界の特定の地域が一つの国によって支配されてはならない」という考えが基本になっている。ヒットラーと戦い、日本の軍部と戦争をしたのはその基本政策にもとづいてのことである。

したがってアジアにおける中国の覇権を許すつもりはまったくない。ただ中国がアジア全体を支配しアメリカの影響力を排除しようとしているのかどうか、ブッシュ政権はまだ結論を出していないのである。

ブッシュ政権が成立する前だったが、ブッシュ大統領の安全保障担当補佐官のコンドリーザ・ライス博士とインタビューをしたことがある。このときライス博士は「中国についてはまだ何も決定めていない」と述べたが、あれから四年たった今も、ブッシュ政権の中国政策ははっきりしていない。

ブッシュ政権の基本的なアジア政策は、三つある。一つは日本との関係である。アメリカのドルを支える上で、日本の資金はきわめて大切だと思っている。

二番目は台湾との関係である。ブッシュ政権の支持基盤であるアメリカの保守派は、台湾を軍事的に守ろうと考えている。ブッシュ政権は台湾を切り捨てることはできない。

そして三番目が中国経済である。アメリカ経済はいまや中国経済の拡大によって動いている。そのおかげでデフレの危機からも抜け出すことができた。

この三つがブッシュ政権の東アジア政策の柱だが、基本的には、中国に対する強い警戒心を持っていると見るべきだ。ブッシュ政権は、中国政府の共産主義的な考え方、反政府主義者に対する弾圧、また知的所有権や科学技術のノウハウに対する不法行為など、中国政府の基本的な姿勢については許せないと考えている。

これに対して中華思想の国である中国は、アメリカが国連を除外して一人勝ちのかたちで世界の警察官を任じていることや、法輪功の支持者を助けていることは、中国に対する敵対行為だと思っている。

こう見てくると、長期的にはブッシュ政権と中国政府は相容れることはないと思われる。そしてすでに述べたように、謀略が国際戦略の基本になっているアメリカの政治家としてのブッシュ大統領は、どこかの点で中国と対立せざるを得なくなる。

ブッシュ政権は現在、世界における軍事力の配備を見直している。このまま金正日が消えてしまえば、アジアのアメリカ軍を大幅に減らすことは間違いない。その場合には在韓、在日そして沖縄のアメリカ軍は、中東やアフリカへ配備替えになるだろう。第七艦隊もまたインド洋からペルシャ湾に活動の場所を移すと考えられる。

そうなるとアジア極東は真空状態となる。だが国際情勢と軍事情勢は真空状態を嫌う。アメリカ軍がアジア極東の外へ移った場合には、その軍事的な真空状態を埋めるのは中国軍しかない。そのときアメリカが中国と対立することになるのは避けられない。

しかしながらこの対立が、どのようなかたちで爆発するか、予測することは難しい。謀略を得意とするアメリカの世界戦略を考えながら、一つの予測を立てると次のようなものになる。

まずアメリカの軍事力がアジア極東からいなくなる。中国軍はそのあとを埋めようと動き出す。日本は政治的にも軍事的にも中国の影響下に置かれる。その結果、大きな混乱が起き、アメリカ軍が戻ってくる。二十一世紀の安定した極東アジア情勢ができるまでアメリカと中国が対峙《たいじ》して紆余曲折がつづく。

アメリカ軍はイラク戦争のあと中東からアフリカに軍事的な拠点を移そうとしている。そのためにはアジア極東に配備しているアメリカ軍を移動させなければならないが、アメリカとしてもその後の混乱がどうなるのか読みとれないでいる。

とにかくアメリカは、アジア極東全域が中国の力と軍事力の一色に塗りつぶされることを好まない。今から七十年前に日本がアジア共栄圏の名のもとにアジア全体を独占しようとしたとき、アメリカは「真珠湾」の謀略を使って日本を追い落とした。

歴史はくり返すという。おなじことがアメリカと中国の間に起きるかも知れない。中国がアジアを支配しようとすれば、アメリカは謀略をもってそれを阻止することは間違いない。

中国とアメリカの関係は、これから新しく始まる。一体何が起きるのかまだ予測もつかないが、はっきりしていることが一つある。ブッシュ大統領のアメリカが中国をまったく怖がっていないことである。

ブッシュ大統領とそのアメリカは、必要以上に中国の大きさを怖がったり、歴史の長さに感心したりしたアメリカとはまったく違っている。二十一世紀の新しい技術と石油の時代に、中国が大きいというだけで怖がることは何もないというのが、ブッシュ大統領とその周りの人々の考え方である。

ブッシュ政権が登場したとき、米中関係はきわめて厳しかった。二〇〇一年四月一日、アメリカの偵察機が中国戦闘機に挑戦され、海南島に不時着を余儀なくされたとき、ブッシュ政権と江沢民政権は正面切って対決した。そのあとブッシュ政権は、表面には表れなかったが徹底的に江沢民政権をたたきつづけ、完全に圧倒した。

江沢民政権が去り、新しく登場した胡錦涛政権は、アメリカとの関係に慎重である。朝鮮問題についても、台湾問題についてもアメリカと対決したことは殆どない。イラクや中東、北朝鮮の問題についてもブッシュ政権を非難していないのである。

こうした態度が何を意味するのか我々は探らなければならないが、日本とアメリカと中国の関係はつねに流動的なのである。国際関係、あるいは国家の安全保障政策というのは常に変るものだということを我々は肝に銘じておかなければならない。

4 国連はいまや幻想に過ぎない

ブッシュ政権の高官がこう言った。

「イラクの国内情勢は変った。いまのイラクの戦いはイラク人どうしの内戦である」

イラクの戦争が内戦であるならば、これまでのルールに従えば国連の平和維持軍が対応すべきということになる。しかし国連は平和維持軍など考えることも出来ない状態になってしまった。イラク戦争の前に、あまりにもアメリカと厳しく対決しすぎたからである。その結果、国連は政治的に幻になってしまった。

日本の政治家や外務省の官僚は依然として、国連という幻想に取りつかれたままである。イラクとの戦争が終ってアメリカが完全に国連を捨て去ってしまったという現実に気がついていない。

すでに触れたが、国連安保理の場で、あまりにも露骨にフランスとドイツがアメリカと戦い、アメリカを侮辱したために、アメリカの人々は完全に反国連になってしまった。

「日本は今頃になって安保理のメンバーになりたいなどと言っているようだが、いったい何を考えているのか」

ブッシュ政権の首脳がこう言ったが、すでに述べたように国連安保理は機能していないのである。国連はもはや政治的影響力を完全に喪失してしまった。

日本では平和憲法が国連を国際社会の基本に位置づけているため、集団安全保障の遂行にあたっても、国連なしでは何もできない状態になっている。イラクへ自衛隊が出動したときも、国連のお墨付きがほしいと国連に執着した日本の政治家がいたが、世界は変ったのである。

国連がアメリカに捨てられたという意味の最も重要な部分は、国連安保理が今後は機能しなくなるということである。ブッシュ政権の高官は私にこう言った。

「安保理でのフランスやドイツの居丈高《いたけだか》な態度と反米的な姿勢を、アメリカ国民は永久に許さない」

しかもブッシュ政権は正攻法で正面から安保理に挑戦し、安保理の権威を押しつぶしてしまった。今後、国連安保理は安全保障のための軍隊を組織し、送り出すことなどは考えられなくなってしまうだろう。

すでに存在している国連平和維持軍、つまり在韓米軍などはそのまま機能しつづけるだろうが、国連の名において新しい軍事的な動きをすることはできなくなる。日本の外務省などがいまだに安保理事国になろうと考えているのは、国際情勢をまったく理解しない体質をまざまざと示していると言える。

国連の機能のうち、ユネスコをはじめとする文化的な任務にたずさわる機関や国連総会、それに事務局はそのまま仕事をしつづけるだろう。だが安全保障理事会は死んだも同然の存在になった。

もともとアメリカは国連安保理に対して強い反感を持ちつづけてきた。これは国連全体がいつの間にかアジア、アフリカが支配する組織として、アメリカと対立する機関になったと思っているからだ。

誰でも知っているように国連は、もともと第二次大戦のあと、日本とドイツを敵視して作られた。それが冷戦の高まりとともに変質し、アジア・アフリカ諸国のグループによる政治宣伝の場所になった。

私も一九七〇年代に二年間ほど国連本部で取材活動をしたことがあるが、事務局をはじめあらゆる活動はアジア、アフリカグループが押さえ、その背後には共産主義国が控えているといった状況だった。

だがアメリカをはじめとする西側連合国が、少なくとも一致して行動している間は、アメリカにとっても意味のある組織だった。ところイラク戦争をめぐるいきさつのあとは、ブッシュ政権の首脳だけではなく、アメリカの人々の多くが国連、とくに安保理は敵であると考え始めた。

アメリカ国民はもはや後戻りはしない。国連の前身である国際連盟は、アメリカのウィルソン大統領の提唱によって成立した。だがアメリカ議会が批准せず、アメリカが加入しないままその機能をほとんど発揮できないまま終ってしまった。

国連もまた国際連盟につづいて消え去っていくほかはないように思われる。長期的にみれば、あるいは国連に変わるまったく別の組織が作られることになるかもしれないが、とにかく国連安保理という組織が生き返ることはありえないだろう。それがアメリカ人の考え方なのである。

国連安保理が機能しなくなれば、名目は何であれ世界各国が平和維持のための軍事行動を起こす場合、それぞれの国がその責任において軍隊をおくらなければならなくなる。

今度のイラクへの自衛隊の派遣がその良い例である。イラクに暫定政権ができれば、日本政府はイラクの暫定政権と取り決めをむすんで、自衛隊を送ることになる。だが依然として国連安保理の理事国になりたいなどと言っている外務省や日本政府の首脳は、行動を起こすことが出来ないに違いない。

そもそも彼らは、外国の領土に軍隊を送ることの意味や責任をまったく理解できない。これはアメリカ軍が日本にあまりにも長い間駐留しているため、外国に軍隊を出動させることが、どれほど重大なことか分らなくなっているからである。

自衛隊がイラクに出動するにあたっては、自衛隊の隊員にとって危険があるかどうかが重要なのではない。日本が一人前の普通の国として行動できるようになったことが大事なのである。

だが一人前の国として軍事行動を行うには、あらゆる情報を自前でかき集め、緊急事態をふくめて、どのように行動し対応するかも自分で決めておかなければならない。アメリカ軍もイギリス軍も基本的には協力などしてくれないのである。

日本の国会は、イラクが戦争地域であるかどうか、どのような危険があるかといったことを延々と論議したが、もっとも大切なのは、よその国に軍隊を送り込むという事実そのものなのである。

イラクに出動した自衛隊が現地の人々に、高い土地代を請求されたり、仕事を求められたりしているが、そうしたことは軍隊を送り出した以上ついてまわる、当然の責任であり、負担なのである。

逆に言えば、軍隊を送り込まれた側は、軍事的に弾圧されないかぎり、どのような手段であれ抵抗をつづける。その一つが高い土地代であり、仕事をよこせという要求である。

アメリカが国連を切りすて、国連安保理が機能しなくなった現在、日本がどのような名目であれ軍隊を他国に送ることになれば、これまでのように国連やアメリカの陰でこそこそとやって来たやり方では通らなくなる。

情報の収集、分析、事態の予測とその対応の仕方、人心収攬《しゅうらん》と治安維持。こういったことをすべて自前でやらなくてはならない。それを行うことこそ国家の責任なのである。

国連安保理がなくなり、日本が一人前の国として行動しなければならない以上当たり前の責任がいちどきに日本の上に、そして自衛隊の上にかかってくるのである。

こうした状況に対応するために、多くの国々が地域の軍事同盟体制を作り上げている。NATOはその代表であるが、当然のことに日本もアジアにおける軍事同盟を作り、そこに加盟する必要が出てくる。日米安保条約が役に立たなくなるのだから当然である。日米安保条約はアメリカ軍に日本を守ってもらう代わりにアメリカ軍に基地を提供する協定である。日本軍がイラクへ出動したとしても、アメリカ軍は日米安保条約によって日本を守る義務などない。実際、アメリカ軍も守ろうとはしないだろう。

日本の自衛隊が国連安保理の決定なしに、世界各地の治安維持のため出動するためには最小限、地域の軍事同盟が必要になる。政治的なトリックや憲法の解釈などといったものではすまなくなる。

集団自衛権を拡大解釈してイラクや朝鮮半島、フィリピンなどに自衛隊を出動させたとしても、自衛隊が共同で戦う組織はない。いま述べたように、国連安保理が機能せず、しかも日米安保条約の傘の下にいて何の支援も得られないとすれば、集団安全保障などという言い訳ではなく、完全な地域軍事同盟に入らなければならない。

国連安保理がなくなるということは、日本が地域の安全保障体制のもとで活動しなければならないことを意味している。

イラクに出動した自衛隊が損害を受けるのは、たぶん避けられないであろう。そしてそういった事態に陥ったとき、どこの国とも軍事協定を結んでいない日本は、完全な支援をあてに出来ない。

日本の自衛隊のイラク出動について、アメリカ国防総省の高官たちは自衛隊員の安全を気づかっている。

「日本の自衛隊は十分な情報も、対応する力もないまま戦闘地域に放り出されたのと同じだ」

国防総省の高官の一人がこう言ったが、アメリカをはじめ世界の国々が自衛隊を助ける義務はまったくないからである。自衛隊は緊急医療的な援助を除いては、何の手助けも期待できないだろう。

5　日本の政治家は軽んじられる

二〇〇三年十二月九日、ワシントンのスタジオにアメリカの著名なジャーナリストを招いて、自衛隊のイラク出動につい話し合ってもらった。

朝早くからスタジオにやってきてくれたのは、ワシントンの政治のことなら何でも知っている長老の評論家ロバート・ノバック、「ウォール・ストリート・ジャーナル」のワシントン代表のアル・ハント、それに「ナショナル・レビュー」のワシントン編集長、ケイト・オバーンの三人である。

この三人は、自衛隊のイラク出動について、口をそろえて「日本国民による、勇気ある歴史的な決定である」と誉めたが、小泉首相の名前が話のなかに出てくることはなかった。その最大の理由は三人とも、激しい論争の的になった重要な問題に日本の首相が決定を下したとは思っていなかったからである。日本の首相はワシントンでは空気より軽い。

「国の責任者は、国家安全保障政策を決める。だが日本の首相が安全保障問題についてまったく関わりのないことはよく知られていることだ」

ロバート・ノバックが私にこういったが、国の安全保障政策を決めない指導者はワシントンでは無視される。小泉首相がテキサスのブッシュ大統領の自宅で大統領とキャッチボールをした時、日本のマスコミは大騒ぎして伝えたが、現地にいたアメリカのジャーナリストたちは誰も小泉首相の名前を知らなかった。

「スタッフですらアメリカの新聞記者にあれは誰だいと聞かれて、答えられなかった」

日本の首相がワシントンで軽く見られるのは、何をやるにしても政策的な説明すら出来ないからである。「日本では政治家は根回しと、付き合いをよくしていれば仕事がつとまる」とノバックが言ったが、国内の利権の調整や経済政策に全エネルギーを集中している日本の首相は、名前を覚える気にもならないと軽んじられてしまうのである。

それでも冷戦の間は、日本とアメリカで経済の利害が対立し、日本の国益を強く主張した政治家の存在が感じられた。岸、佐藤、大平、福田の四人の首相は、ホワイトハウスでも名前が通っていた。彼らの名前にはそれなりの重さがあり、アメリカの指導者から見ると、話し合いをしなければならない相手だった。

橋本首相も自動車摩擦を通じて手ごわい相手だと警戒され、それだけ重みがあった。中曽根首相は、冷戦の最後の戦いを始めていたレーガン大統領にとって、まぎれもなく話し合える政治家だった。二階堂副総裁はレーガン大統領の腹心達と友人付き合いができるアメリカ通だった。

これ以外の日本の政治家は国家の利益を背負って、アメリカと対立したことがなく、羽よりも軽く扱われてしまった。小泉首相が「自衛隊をイラクへ派遣する」というアメリカ人が考えても歴史的な大事業を行いながら軽く見られているのは、「国家のための決断」という重さが感じられないからである。

日本の政治家は、日米安保条約の下で暮らしてきたために、国際戦略を必要とせず、そのため自らの国際戦略を実現するための手法がない。アメリカからすれば日本も民主国家であり、政治家が独自の国際戦略を展開しようとすれば、謀略による手練手管が必要となる。ところが日本の政治家にはまったくそれがない。したがってアメリカでは日本の政治家は基本的には注目されないのである。

個人的にアメリカの大統領と親しくしたとしても、相手側は同じ政治家とは考えない。小泉首相は自衛隊をイラクに送り、ブッシュ大統領に気に入られているが、それだけのことである。ブッシュ大統領は、小泉首相が国際戦略を持ち、考えに考えたあげく自衛隊のイラク出動に踏み切ったとは見ていない。

「小泉首相はイラクは安全だ、平和復興のためだと言って自衛隊をイラクに送り出している。国民を騙しているわけだが、それは陰謀とは言わない。ただの嘘だ」

ホワイトハウスの友人がこう言っているが、ブッシュ大統領は小泉首相とキャッチボールをしたり、車に乗せたりして大事にしているように見えるが、仲間だとは思っていないのである。

この点から見ても歴代首相に比べて小泉首相は軽い。厳しい言い方になるかも知れないが小泉首相は、私がワシントンで見てきた日本の首相の中で、アメリカ側からもっとも軽く見られている政治家の一人である。

もっともアメリカ側が小泉首相を軽く見るといっても、小泉首相個人だけの責任ではない。日本政府というものが第二次大戦以降、国際的にまったく機能してきていないという、アメリカ人の政治家の見方から出ているのである。

一九九〇年九月、海部首相がアメリカにやってきて共和党の支持者である財界人のカリフォルニアの自宅で、第四十一代ブッシュ大統領をはじめ、アメリカの指導者たちと会談した。この会談は海部首相が就任してから第一回目の日米会談で、しかも当時は、日米経済構造問題の協議の最中でもあった。

このときアメリカの新聞は、会談の場所になった財界人のプールでただ一人、手持ち無沙汰な様子で水に浸かっている海部首相の姿を伝えた。その写真は日本の首相の政治的な軽さやアメリカ人の日本の指導者に対する見方をあますところなく示していた。

なぜ日米間の重要な会談で、日本の首相が手持ち無沙汰だったのか。それこそが、日本が置かれた立場そのものだったからであり、いまもその立場に変りはない。

日本は一九四五年八月十五日、太平洋戦争でアメリカに敗れ、軍事的な占領下に置かれた。そして一九五一年九月八日にサンフランシスコ講和条約を締結して、とりあえずは独立し、翌五十二年四月二十八日に発効した日米安全保障条約によって、国家としての安全をアメリカに保障されることになった。

日本の敗戦、アメリカ軍による占領、それに日米安保条約がつづいたわけだが、言い方を変えれば、日米安保条約は別のかたちの日本の占領だった。この日米安保条約による日本占領という状況があまり露骨に問題にならなかったのは、間もなく冷戦が激しくなり、日本の経済力が急速に回復するとともに、アメリカにとって日本がなくてはならない国になったからだ。

だが日本の経済力と日米安保条約が一つになった結果、日本人の目には、国際社会における現実の日本の姿や、日本のかかえている問題がはっきりと映らなくなったのである。

だがアメリカから見れば、日米安保条約によって軍事的な占領状態をつづけ、その状態を安定したかたちで維持することを可能にしたのが、日本の憲法と国会、それに自民党であることは、はっきりしていた。

日本の自由民主党は、アメリカの作り上げた日米安保体制の仕組みの一つなのである。この事情をはっきり示しているのがワシントンにおけ自由民主党の政治家の行動である。

一つのエピソードをお伝えしよう。私は一九九六年から、TV東京系列のネットワークのために、「日高義樹のワシントン・リポート」というテレビ番組を作っているが、一九九八年三月八日に放送した番組では、日本の憲法をとりあげた。

この番組のなかで私は、アメリカ占領軍の当事者たちとインタビューしたが、マッカーサー司令官の下で国会を監視する任務についていたウィリアム・ジャスティン中佐の言葉が印象的だった。

「日本は憲法を変えることが出来ないだろう。我々は占領が終ったあと日本人が直ちに憲法を変え、ふたたび軍事国家になることを恐れていた。だから日本人が憲法を変えられないように、さまざまな条件をつけてがんじがらめにした」

その条件が憲法改正を難しくしているが、日本国憲法と国会とそれに自民党が、日米安保条約の日本側における安定勢力であり、受け皿であることはまぎれもない事実だ。このことが自民党の軽さとその責任者である自民党総裁、そしてワシントンにける日本首相の軽さにつながってくるのである。

ワシントンでは日本の首相に殆ど関心を払わない。極端に言えば、日本の政治家はまったく無視されてしまっているのである。小泉首相がブッシュ大統領とキャッチボールをしたり、自衛隊をイラクに送ったりしても、その政治力や決断に注目が集まるわけではない。「日本の首相をはじめ自民党は、国家にとって最も重要な問題である安全保障をアメリカに依存しきっているのだから、政治家として注目されるわけがない」

ロバート・ノバックがこう言ったことがある。

注目されないだけなら良い。最近では自民党の政治家のなかには、「腐敗したサウジアラビアの政治家とおなじぐらいにひどい政治家がいる」とまで言われるようになっている。

二〇〇三年暮のこと、ワシントンに日本から自民党の政治家が一人やって来た。この政治家は森前首相に近く、小泉政権を背後から動かしているという触れ込みだった。彼はブッシュ政権の選挙資金を集めているロビイストのパーティーに出席することになっていたが、噂では大金を持ってきたらしいということだった。

この選挙資金集めのロビイストは、汚い金からまともな金まで、どんな金でも集めることで有名な人物だった。彼はジョージタウンの瀟洒《しょうしゃ》な家に雑多な人々を招いてはパーティーを開いていた。

この政治家の売込みを受けた、あるワシントンのシンクタンクの責任者がこの人物について調べてみて、驚いて私にこう言った。

「この政治家は女性問題についてだらしないことで有名だそうだ。右翼だかロビイストだかに、女性と一緒の写真をとられ、週刊誌で騒がれたことがある」

この政治家が、小泉首相を陰で動かしているというふれこみでブッシュ大統領の資金集めに出席したため、ワシントンの新聞記者たちのゴシップのタネになったが、友人のジャーナリストがこう言った。

「女性問題でスキャンダルをおこす政治家はどこにでもいる。だが右翼やロビイストに脅かされてマスコミに載ったとなると話は別だ。なぜそういったキナ臭い政治家が小泉首相のまわりにいるのかね」

別のテレビネットワークのジャーナリストはこう言った。

「そういったスキャンダラスな政治家がなぜブッシュ大統領の資金集めのパーティーに招待されるのか、そっちのほうが問題だ。誰が招いたのか調べてみる必要がある」

もう一人の雑誌ジャーナリストがこう聞いた。

「日本では、そういった政治家が恥ずかしげもなく国会で仕事をつづけていられるわけだね」

私が答えに窮《きゅう》しているあいだに、話はそこで終ってしまったが、これはほんの一例で、ワシントンでは今、日本の政治家の評価はきわめて低い。

日本の政治家のやっているのが、アメリカ人の考える政治家の仕事というよりは、一段下だとされるロビイストのやっていることだと思われているからだ。しかもそういうロビイスト的な仕事をしている政治家が、首相の側近だと称して大金を持ってワシントンにやってきたりすれば、軽蔑されてもしかたがない。

一昔前の日本の政治家は、アメリカにやってきても「してはならないこと」、「言ってはならないこと」をわきまえていた。アメリカの影響力のもとにあるとはいえ、日本の利益と立場を守ろうとした。それを国益というかどうか別の問題として、私の知るかぎり、大平、福田、二階堂といった古い政治家たちは、ワシントンにおいて世界のほかの国々の政治家たちに見劣りするところはなかった。

そのあとの世代になるとワシントンに政治家たちが頻繁に出入りするようになった。その息子達がワシントンに住むようになり、大学に通うようになったが、なかには退学させられたり、アパートから追い出される者もいた。そうした政治家の息子達がいまや二世、三世として、永田町という日本の政治の場を横行している。

「日本の政治家はサウジアラビアの政治家と同じだ。金はあるが品位というものがまったくない」

友人のジャーナリストがこう言ったが、サウジアラビアの政治家と日本の政治家が似かよっているという表現が、どちらの政治家を貶《おとし》めることになるのかはさておき、要するに、金を持ってワシントンにやってくることを指して言っているのは確かである。

むろんワシントンでも政治に金はつきものである。だが金を扱うのはロビイストの仕事であって、まともな政治家はできるかぎり金に直接関わろうとはしない。

日本の政治家とサウジアラビアの政治家に共通していることがもう一つある。両者とも、安全保障の政策にはまったく関わりあっていないということである。日本もサウジアラビアも、アメリカによって安全を保障され、国家戦略を考える必要がまったくない。

「サウジアラビアと日本の政治家がワシントンにやって来たとき、関心を示すのはロビイストだけだ」

私の友人のジャーナリストたちはこう言っているが、ワシントンでは政治家や政府の高官は、国家の問題、とりわけ国の安全保障問題を取りあつかうのが仕事である。日本の政治家は与党である自民党はもとより、なかには大臣という立場にありながら、国という問題を考えない政治家が多い。

これは国や安全保障の問題を官僚達に任せっぱなしにしており、大臣といえども利害関係のからむビジネスのほうに、より強い関心を持つからである。

ずいぶん昔のことになるが、私の大学時代の知り合いが運輸大臣になり「航空路線の問題でアメリカの運輸長官と話をしたいので、仲介をしてくれないか」と言ってきたことがある。ちょうど私の友人がアメリカの運輸長官をしており、ワシントンからサンフランシスコまで飛んで日本の運輸大臣に会ってくれることになった。

二人が会ったあと、私のもとに次のようなメッセージが届いた。

「日本の運輸大臣がサンフランシスコまで来てくれというから飛んでいったが、何を話したかったのかまるで分らなかった。時間の無駄だった」

あとで考えると、日本の運輸大臣はアメリカの運輸長官と会ったということで、航空業界と官僚に自分の力を見せたかったのだろう。

こういったことも、ワシントンの人々から見れば、「無責任なサウジアラビアの王家一族の政治家と同じだ」ということになる。

政治家というのは国の安全を考え国民を守ることが、もっとも大切な責任である。自国の安全保障を人任せにし、北朝鮮に国民を拉致されても、取り返すための行動を起こそうともしない日本の政治家たちは、アメリカの政治家から見れば、同じ政治家だとはとうてい思われない。

今度の自衛隊のイラク派遣についても、小泉首相は安全保障上の理念や信念をまったく表明していない。政治的なかけ引きの道具として自衛隊を送ったという印象を与えている。

アメリカのマスコミをはじめワシントンの人々の多くは、小泉首相が日米安保条約の枠の中で、単にブッシュ大統領に対するおもねりと政治的配慮によって、自衛隊を送り出したと思っている。

「自衛隊のイラクに対する派遣は歴史的な行動だ。新しい日本の安全政策の始まりだ」

ペンタゴンの安全保障問題担当ピーター・ロドマン次官補が私にこう言ったが、小泉首相自身がそうした歴史的な認識を持っているかは疑わしいというのが、ワシントンの人々の見方である。

おまけに小泉首相自身、何も口にしていない。アメリカでは国民に対して、あるいは外国に対して、自分の信念を明確に表明したり、自分の行為を説明したりできなければ、政治家としては認められない。民主主義体制にある国の政治家の辞書には「沈黙は金」という言葉は、あってはならないのだ。

日本の自民党と政治家は残念ながら、日米安保条約の日本側の受け皿にすぎないと見られている。つまりアメリカのトップの政治家が会う必要はなく、国務省や国防総省の次官補たち、つまり局長クラスと会わせておけばよいと考えられている。

日本の政治家が、サウジアラビアの政治家と同じだと言っている人がワシントンにいると述べたが、サウジアラビアの政治家は、ワシントンではロビイストに大事にされる。またブッシュ大統領がサウジアラビアの王族や政治家と会うのは、ブッシュ家がもともと中東の石油と関わりが深いからである。

ブッシュ大統領が小泉首相を手厚く扱っているとしたら、その理由は小泉首相が日本経済の構造改革を進め、日本の官僚達を叩き直していると信じているからだ。

ブッシュ大統領は中東には詳しい。サウジアラビアの王族の中で親しく付き合っているプリンス達は、サウジアラビアを作りかえようとしている人々だというが、小泉首相と会うのも、同じ理由からだと私の友人たちは言っている。

ところが日本の景気はとりあえずはよくなったように見えるものの、構造改革は依然として進んでいない。ホワイトハウスやウォール街の人々もこれに気がつき始めている。「ブッシュ大統領がいつまで小泉首相を大事にするか分ったものではない」というのが、ホワイトハウスの内部の話である。

小泉首相は世渡りが上手なようである。だがアメリカで優れた大統領として第二位の評価を与えられているリンカーン大統領はこう言っている。

「少数の人を長いあいだ騙すことも、大勢の人を短いあいだ騙すこともできるが、大勢の人を長いあいだ騙すことはできない」

日本は今、独自の国際戦略を持ち、その戦略をもとに国家の運営を真剣に行う気概のある指導者を必要としている。そのような指導者が出現すれば、アメリカは日本の政治に注目し、そうした政治家がワシントンへやってくれば、イギリスのブレア首相やロシアのプーチン大統領、さらには中国の胡錦涛首席などと同等に、丁重に扱うに違いない。

いま日本に必要なのは、日本の国と国民を自らの力で守る国際戦略である。この国際戦略を構築し、実行することのできる指導者を持つことである。そのためには、日米安保条約と自民党の時代が終りつつあるという認識を、日本国民の一人一人が持たなくてはならない。

〔著者略歴〕
日高義樹（ひだか・よしき）
1935年名古屋市生まれ。
東京大学英文科卒業後、59年にNHKに入社。外信部、ニューヨーク、ワシントン支局長、米国総局長を歴任後、ハーバード大学客員教授に就任。現在はハドソン研究所首席研究員として、日米関係の将来に関する調査、研究にあたっている。TV番組「日高義樹のワシントン・リポート」でも活躍中。著書多数。

日本人が知りたくないアメリカの本音

第1刷——2004年4月30日

著　者——日高義樹
発行者——松下武義
発行所——株式会社徳間書店
東京都港区芝大門2－2－1　郵便番号105-8055
電話　編集部(03)5403-4344　販売部(03)5403-4324
振替00140-0-44392
(編集担当) 青山恭子
印　刷——(株)廣済堂
カバー印刷——真生印刷(株)
製　本——大口製本印刷(株)

ISBN4-19-861849-6